日本はどこに向かおうとしているのか

Will Japan's future be brighter?

高橋洋一
Yoichi Takahashi

徳間書店

はじめに

２０２４年になって日経平均株価は最高値を更新し、日銀はマイナス金利を解除、日本は30年間低迷していたデフレ経済から脱却したかのようにみえる。しかし、その一方で１ドル１６０円を超える円安基調は国全体のＧＤＰを上げるとはいえ、個人の所得向上の実感のないまま続き、実質賃金は26か月連続のマイナス、日本のＧＤＰの６割近くを占める個人消費は、リーマンショック並みの３四半期連続のマイナスとなっている。これでは多くの人にとって、日本経済が好景気に向かっているという実感はないだろう。

はたして日本経済は、これからどうなるのか。好景気へと向かっていくのか。政府・財務省や日銀の対応や各種データをもとに読み解いていきたい。

その一つの指針となるのが、国の方向性を示す国家予算だ。

２０２４年度の国家予算は、23年度予算から１・８兆円下回る政府提出の原案通りに３月２日に衆議院を通過、３月28日に参議院で可決成立し運用されている。昨年12月に政府案が閣議決定、1月17日に国会に提出され審議されていたが、今年に入ってからは自民党国会議員の政治資金のキックバックなど「政治とカネ」の問題ばかりがクローズアップされ、日本経済や日本社会に寄与する予算となったかははなはだ疑問だ。

事実、5月に発表された2024年1-3月期のGDPは相変わらず低調で、4-6月期の成長もあまり期待できない。

元日に起こった能登半島地震の被災地の復興では、2023年度の補正予算もつくられず、24年度予算の予備費での対応となったが、7月に入っても被災地は震災後の惨状をそのまま残しているところが少なくない。

今年度予算はすでに執行されているが、現時点で改めて予算成立の経緯も含めてその内容を見直す意味はあるだろう。

今年夏には、来年度予算の概算要求もスタートする。財務省とマスコミは、あいかわらず「国の借金が過去最大を更新!」などと国の財政が破綻するかのようなプロバガンダを流し続け、さらなる緊縮財政に走ろうとしている。筆者がかねてより主張しているように、一部の借金だけに目をやるのではなく、政府全体のバランスシートでみていけば日本の財政はG7の国の中でも2番目の健全性を保っている。緊縮財政でなく、より日本が成長するための財政を行うべきだろう。

いま世界は、ロシアのウクライナ侵攻以降、緊迫化の度合いが進んでいる。ロシアのプーチン、中国の習近平、北朝鮮の金正恩と、日本の隣には専制・独裁国家が控えている。日本に求められる役割も大きい。その事実を正面から受け止め、どのように対峙してくか考え行動していかなければならない。予算や経済政策だけでなく、日本の安全保障政策についても政府やマスコミの言説に踊らされない目を養ってほしい。

高橋洋一

2024年7月

日本はどこに向かおうとしているのか　目次

第1章 減税も効果なし。岸田政権はデタラメな数字だらけ　11

第2章 景気回復、給料アップはいつになる

第3章
間違い続ける財務省と日銀

第5章 ロシア、中国、北朝鮮の横暴にどう対峙するか

第6章 教育・子育て　ヒトへの投資

装幀　山之口正和（OKIKATA）
図版　キャップス
写真　産経新聞社（カバー）
NurPhoto via AFP
時事、朝鮮通信＝時事

第1章

減税も効果なし。岸田政権はデタラメな数字だらけ

岸田政権が減税しても支持率が上がらない「本当の理由」

●国民は減税を望んでいない？

２０２３年11月に岸田首相は所得税の減税を打ち出したが、支持率は下落している。国民のためのはずの減税はなぜ評判が悪いのか。支持率下落の原因であるというのは「真実」と言えるのか。

マスコミは、支持率低下の理由として減税を取り上げている。その理由として、今回の減税政策は明らかに「選挙対策」というのが見え透いているからだという。そして、別に国民も必ずしも減税を望んでおらず、集めた税を正しく使って欲しいと思っているだけだともいう。

その意見を補足する意味で、過去にも減税で支持率を回復しようとした政権はいくつもあるが、どれもうまくいっていないと俎上に載せる。

例えば１９９８年の橋本龍太郎内閣は４兆円の定額減税政策に失敗して橋本氏は退陣。99年の小渕内閣も20％の定率減税政策を引き継ぐもうまくいかなかった。２００８～09年の福田内閣・麻生内閣において福田政権が定額減税を検討したが批判を受けて、麻生政権では定額給付金に変更するかっこうとなった。

このように、減税政策には失敗が多いというが、その指摘は本当だろうか。

時事通信が２０２３年11月10～13日に実施した世論調査で、消費税減税の賛否を尋ねたところ、「賛成」が57・7％、「反対」が22・３％だった。支持政党別では、自民党支持層で賛成48・２％、反対33・９％。賛成だけみると、立憲民主党支持層で71・０％、日本維新の会支持層で58・５％。反対はいずれも22・６％だった。ほぼすべての政党で賛成が反対を上回った。この調査はマスコミの説明と大きく異なっている。

さらに、過去の減税で失敗したというのは財務省がネガティブキャンペーンをした結果である。財務省はこうしたことを繰り返すことで、政治家に対して「減税は命取りになる」と警告するわけだ。

一方、財務省は給付金は「ギリギリセーフ」というメッセージも同時に出す。減税はダメで給付金がいいというのはわかりにくいが、制度変更を行うなど減税は複雑だが給付金は簡単であるという説明に政治家は騙されてしまう。だが、定額減税などの制度設計は極めてシンプルだ。

●先進国では、給付金より減税が選ばれる

経済政策としては、減税も給付金も経済効果は大差ない。減税は国民から税を集めず、給付金は国民から税を集めて配るので、減税のほうが事務コストは低く、執行のムダがない。したがって、先進国ではまず減税のほうが選択されやすい。

ちなみに、ＯＥＣＤの経済政策を分析すると、日本は減税がほとんどないが、他の先進国では減税のほうが多い。その理由を海外の研究者に質問されたことがあるが、日本では官僚が「仕事熱心」で税を集めて給付金として配るのが好きだと説明したら、笑われてしまった。

今般のコロナ危機でドイツや英国などＯＥＣＤ加盟目38か国中30か国において飲食、宿泊、娯楽業界の付加価値税の時限的引き下げなど軽減措置が行われている。さらに、ＯＥＣＤの調査によれば、非ＯＥＣＤ加盟国においても23か国で同様な軽減措置がとられてい

る。日本はコロナの直前に消費増税をした「珍しい国」だ。

●減税による経済効果は？

今回の減税は、補正予算とセットで見なければいけない。13兆円の補正予算（２０２３年度補正予算）が衆院予算委で可決されたが、真水はどの程度で、国債発行の規模は妥当なのか。財務省のフレームにそって見てみよう（17ページ参照）。

歳出では、経済対策関係経費として、「物価高から国民生活を守る」２兆７３６３億円、「地方・中堅・中小企業を含めた持続的賃上げ、所得向上と地方の成長を実現する」１兆３３０３億円、「成長力の強化・高度化に資する国内投資を促進する」３兆４３７５億円、「人口減少を乗り越え、変化を力にする社会変革を起動・推進する」１兆３４０３億円、「国土強靱化、防災・減災など国民の安全・安心を確保する」４兆２８２７億円で小計13兆１２７２億円だ。

その他として国債整理基金特別会計の繰り入れなど３兆５８１８億円、既定経費の減額▲３兆５０９８億円で、合計13兆１９９２億円となっている。

このうち、経済対策に直接効果を及ぼす「真水」はどの程度となるのか。「真水」の正確な定義はないが、ただちにGDP増加につながる財政支出と考えれば、経済対策関係経費はもちろんだが、その他はただちにGDP増加になると思えない。既存経費の減額は、本来であればGDP増加分になっていたものが減額されているので、真水となるのはおおよそ10兆円程度ではないだろうか。

それでも、フレームの㈟（左図では省略）には、「経済対策関係経費と、定額減税による『還元策』及びその関連経費とを合わせると17兆円台前半程度と見込まれる。」と書かれている。

定額減税の根拠となる所得税法改正等が23年の臨時国会で、補正予算と一緒に処理されていれば、筆者の試算するGDPギャップはほぼ満たすことができ、経済対策としてはまずまずだった。

しかし、定額減税が24年度予算送りとなり、その実施は早くても24年6月以降となると、今回の補正予算は「ショボい」といわざるを得ない。しかも、定額減税がないので、「遅い」とも言わざるを得ない。

なお、細かい話だが、鈴木俊一財務大臣は、「定額減税は税収還元でない」と国会答弁しているのに、予算フレームではわざわざ「還元策」と括弧付きで記しているのは、もは

《令和５年度一般会計補正予算（第１号）フレーム》

歳出	
１．物価高から国民生活を守る	27,363
２．地方・中堅・中小企業を含めた持続的賃上げ、所得向上と地方の成長を実現する	13,303
３．成長力の強化・高度化に資する国内投資を促進する	34,375
４．人口減少を乗り越え、変化を力にする社会変革を起動・推進する	13,403
５．国土強靱化、防災・減災など国民の安全・安心を確保する	42,827
小　　計　（経済対策関係経費）（注２）	131,272
６．その他の経費	14,851
（１）防衛力強化資金へ繰入	10,390
（２）その他	4,460
７．国債整理基金特別会計へ繰入	13,147
８．地方交付税交付金	7,820
９．既定経費の減額	▲ 35,098
（１）新型コロナウイルス感染症及び原油価格・物価高騰対策予備費（注３）	▲ 20,000
（２）ウクライナ情勢経済緊急対応予備費	▲ 5,000
（３）その他	▲ 10,098
合　　計	131,992

（資料）財務省　　　　（単位：億円）

や皮肉でしかない。

●税収見積もりも酷すぎる

一方、23年度補正予算の歳入を見てみると、「税収」1710億円、「税外収入」7621億円、「前年度剰余金受入」3兆3911億円、「公債金」8兆8750億円、合計13兆1992億円となっている。

まず予算の原則を述べておこう。予算は歳出権を国会が政府に付与するもので、この意味では歳出が重要だ。つまり、支出の限度とともに内容を制限する政府への拘束力をもっている。一方、歳入は見積もりに過ぎず、収入の限度や内容を制限する拘束力はない。この意味で、税収が結果として間違っても、それほど政府は非難されない。

だがしかし、この税収見積もりは、あまりに酷い。

2021年11月26日の補正予算では税収増を6兆4320億円と見込み、21年度税収を当初57兆4480億円から63兆8800億円とした。最終的には税収はさらに3兆1579億円増加し、67兆379億円だった。

2022年11月8日の補正予算でも税収増を3兆1240億円と見込み、22年度税収を当初の65兆２３５０億円から68兆３５９０億円とした。最終的には税収はさらに２兆７７８４億円増加し、71兆１３７４億円だった。

23年度の政府の中期財政試算の名目成長率は４・４％だ。となれば、税収弾性値（税収がどの程度増加するか）を手堅く１・１としても税収は４・８％増で、74兆５４００億円だ。当初が69兆４４００億円なので、税収増５兆１０００億円でもおかしくない。

通常の税収弾性値は２〜３なので、税収増はもっとあってもいいくらいだ。そう考えると、補正予算の国債（「公債金」）８兆８７５０億円はもっと減額できる。国債発行額が多いように見せて、来年度に予定されている所得税減税を牽制しているかのようだ。

筆者は23年11月13日のコラム〈**岸田首相、打つ手なし…！財務省の「ハシゴ外し」で支持率回復どころか「党内分裂」へ**〉で、財務省のハシゴ外しを指摘した。定額減税は国債発行しないとできないと財務省はいうが、それもデタラメであることを指摘した（本書でも紹介する）。

それに加えて、補正予算でも岸田政権のデタラメがある。これでは政権支持率は改善するはずがない。

（２０２３／11／27）

「自民党キックバック大崩壊」裏にいるのは結局「霞が関」なのか

●「キックバック」の背景にあるもの

自民党政権を揺るがす事態が起きている――。

２０２３年12月13日、臨時国会閉会後、東京地検特捜部による政治資金規正法の捜査が本格化するとみられている。政局に与える影響は計り知れない。

当初、自民党5派閥のパーティー券問題について、自民党の5派閥の政治団体が政治資金パーティーの収入について２０１８〜21年分の政治資金収支報告書に計約４０００万円分を過少記載したとする告発状を受け、東京地検特捜部が各派閥の担当者から任意で事情を聴いているという程度だった。

しかし、12月になると、政治資金パーティー収入について議員へのキックバックが裏金化していた疑いがあるとして、東京地検特捜部が捜査を進めていると報じられている。

これまでの経緯はほかで触れるが、今回は、その政治的な背景について、考えたい。

この問題は、岸田首相の減税発言まで遡ってみないと全体像が見えてこない。

岸田首相が昨年「増税メガネ」と呼ばれて所得税減税を謳い出し、岸田首相に「自我」が芽生えたために、財務省がハシゴ外しを目論んだというストーリーがある。

岸田首相は財務省関係者なら口に出してはいけない「減税」を言い出してしまった。結果として、岸田首相の従兄弟で、元財務官僚の宮沢洋一自民党税調会長は、先の臨時国会では所得税減税を処理せずに、来年度予算回し、つまり所得税減税は２０２４年通常国会で処理することになった。さらに23年11月２日の経済対策の閣議決定では、過年度の税収増３・５兆円を還元するとしていたが、11月８日の衆院財政金融委員会で鈴木俊一財務相は「増加した税収増はすでに使われている」と、岸田首相のハシゴを外した形となったわけだ。

なお、減税を言い出したのは、党内では安倍派であるので、岸田首相に「自我をつけた」のは安倍派だと財務省には見えただろう。

岸田首相は宏池会のプリンスだった。宏池会は、池田勇人元首相が創始者で、その次に大平正芳元首相、鈴木善幸元首相、宮沢喜一元首相と輩出した名門派閥だ。池田氏、大平氏、宮沢氏は元大蔵官僚であり、宏池会と財務省の関係は深い。岸田首相も、宮沢家と姻戚関係にあり、二人の妹さんの旦那は大蔵官僚だ。

したがって、宏池会の系譜としての「血筋」はいい。

●財務省ファミリーの信じられない発想

「増税メガネ」と言われたからとはいえ、首相が減税を言い出したのは、国民経済から見れば真っ当であるが、財務省ファミリーとしては考えられないことだ。

財務省ファミリーならば、国民は「短期的な快楽」のために減税を求めるが、それは浪費であり、今の厳しい財政状況を考えると将来のためにならない、と真顔で語る。

かつて財務省ファミリーの一員だった筆者も、大蔵省入省当初はそう思っていた。内心本当かとも思っていたが、今から30年ほど前に、当時の財政投融資批判など大蔵省への批判に対抗するために、どうしても国の財政状況を正確に言うために国のバランスシートを作らざるを得なくなった。その当時、それができるのは筆者に限られていたので、バランスシートを作ったら、それまで大蔵省が主張していた「借金が大きいから財政危機」という話はウソで、資産があるので危機ではないことがわかった。

17年前に退官するまでは、対外的には黙っていたが、小泉政権と第一次安倍政権では、きちんとしたバランスシート分析では財政危機でないといい、それに基づく政策（埋蔵金の発掘・活用など）も政府内で実現してきた。

筆者のコラムでも、何度も取り上げてきたし、筆者のＹｏｕＴｕｂｅ「高橋洋一チャンネル」（登録者数１１１万人／２０２４年7月現在）でも、この話題を何度も取り上げているので、流石に筆者の周りでは「常識化」しつつある。

●官僚機構の背景にある「自民党内派閥力学」

また、政治家の中にもこれまで財務省の言う財政危機を信用してきたが、そうでないと思い始める人も多くなった。例えば、故安倍晋三首相はその一人だ。

元財務次官の矢野康治氏が、月刊「文藝春秋」２０２１年11月号で書いた財政論については、故安倍元首相は、月刊「ＷｉＬＬ」２０２１年12月号において会計論などで強烈に批判している。また、かの『安倍晋三　回顧録』の中でも、同旨の批判をしている。

ここで書かれているように、１００兆円コロナ対策でもそのための増税がないのは、正しいバランスシート論に基づくものだ。

率直にいえば、岸田首相が、安倍派からの提言でもあった減税を言い出さなければ、まだ財務省は岸田首相のハシゴを外さずに、それなりの政権支持率も維持できただろう。

ここにきて、検察も岸田政権の落ち目を見て動き出したのが「パーティー券騒動」だ。それが、安倍派の狙い撃ちになっているので、自民党内力学から言えば、岸田派には余裕でもある。野党が弱いので、所詮、自民党内力学で政治が動いているとみれば、岸田派、麻生派、茂木派も、実質的には余裕だ。

財務省としても、安倍・菅政権で煮え湯を飲まされ続けたので、検察の安倍派叩きは悪くない。

もちろん、こうした大掛かりの政局は、官僚機構だけで仕掛けられるものではない。財務省のバックには、麻生派がいる。

麻生派としては、財務省や検察が安倍派、二階派を叩くのは好都合だ。また、大宏池会構想があるので、岸田首相を下ろしても大宏池会の中、例えば麻生派から首相が出ればいい、と思っている。これが、官僚機構の背景にある「自民党内派閥力学」だ。

●反アベのマスコミが後押しする

これを政策論から見れば、財務省としても麻生派から、減税をしない首相が出ればいいだろう。時折、鈴木俊一財務相がポスト岸田で浮上するのは、財務省の野望でもあるだろう。鈴木財務相は、麻生派であるが、宏池会の鈴木善幸氏の息子であり、麻生太郎氏の義弟でもあるので、財務省としてはベストだろう。

自民党内派閥力学、財務省や検察の官僚機構の動きだけで十分だが、それを後押しするのが、反アベのマスコミだ。安倍・菅の長期政権で、反アベのマスコミは出番がなかったが、ここにきてついに出番と意気込んでいる。

こうした動きの結果、岸田おろしになっても、大宏池会の中での政権回し、安倍派排除という形の政局に動くだろう。松野官房長官（安倍派）は既に交代が決定的で、その後任には加藤勝信（茂木派）、田村憲久（岸田派）らの名前が出ている（２０２３年12月14日より林芳正氏となった）。萩生田光一政調会長（安倍派）、西村康稔経産大臣（安倍派）の交代もありえる（交代した）。

ただ、岸田政権は既にレームダック化しており、早ければ来年度（24年度）政府予算を決定する年内、遅くとも来年度予算成立か来春の渡米までしかもたないのではないか。

（2023／12／11）

レームダック化が止まらない岸田首相に「日銀」が仕掛ける「ステルス引き締め」

●日銀も岸田政権のレームダック化を歓迎

財務省がハシゴ外しをした段階で岸田政権はすでにレームダック化している。安倍派外しで財務省に媚びても時すでに遅しで、まさに泥舟だ。

今回の岸田政権のレームダック化を歓迎するのは財務省だけではない。日銀も歓迎だ。日銀の植田和男総裁は23年12月7日の参院財政金融委員会で、金融政策運営は「年末から来年にかけて一段とチャレンジング（挑戦的）な状況になると思っている」と述べた。マイナス金利や長短金利操作の出口を意識した発言と受け止める市場関係者もいるが、この発言の意味が金融政策にどのように反映するのか。

本来であれば、金融政策の変更は日銀が採用しているインフレ目標政策から導かれるべきである。インフレ率が目標の２％±１程度ならインフレ目標の許容範囲なので政策変更の必要はない。

さらに多少需要超過の経済状況が必要である。そのために、金融政策の鉄則として「ビハインド・ザ・カーブ」がある。これはインフレ（物価上昇）など経済変動に対して意図的に利上げのタイミングを遅らせることだ。

それをインフレ率でいえば、２％＋１％の３％ではなく、４％くらいまで許容範囲でないだろうか。実際、欧米でもその程度まで金融引き締めという政策変更はしなかった。

もちろん少し先のインフレ率を予想しながら許容範囲であるかどうかを見極めつつ、政策の現状維持か変更かを決定する。したがってマイナス金利解除という政策変更のためには、近い将来において、インフレ率が許容範囲の４％を超える状況が見通せないといけない。

●金融機関重視の植田総裁

しかし、客観的にいってそうした経済環境でない。にもかかわらず、植田総裁から冒頭のような発言がどうしてでるのだろうか。

そこで参考になるのが、植田総裁の金融政策観だ。日銀審議委員だった原田泰氏は、著書『デフレと闘う：日銀審議委員、苦闘と試行錯誤の5年間』で、日銀がイールドカーブ・コントロールを導入した２０１６年９月のことを、次のように書いている。

《９月30日に開催された第３回カナダ銀行・日本銀行共催ワークショップの終了後のパーティで、東大の植田和男教授は、通常の歓迎スピーチの機会に、わざわざメモを用意して、「長期金利の０％の金利のペッグ（マイナス金利政策とイールドカーブ・コントロール）がハイパーインフレを引き起こす。金融機関経営が厳しくなり、金融仲介機能を壊して経済を悪化させる」と述べた。》

植田総裁の見立てと異なり、イールドカーブ・コントロールはハイパーインフレを引き起こさなかった。しかし、金融機関経営を考慮しすぎて、これを好んでいないのは明らかだ。金融政策観は、雇用重視と金融機関重視があるが、植田総裁は後者だ。

イールドカーブ・コントロールは、短期のマイナス金利と長期10年ゼロ金利からなる。長期10年ゼロ金利は既に形骸化した。残るは短期のマイナス金利だけなのだが、その解除は近いと市場関係者が読むのは当然のことだ。

しかし、急ぎすぎれば金融機関のためになるが日本経済のためにはならない。今後の政策決定会合スケジュールをみると、年内は12月18、19日、来年は1月22、23日を予定している。このあたりは要注意だ。

●日銀の「ステルス引き締め」が起こるか

日銀は伝統的に国会開催中や予算編成が佳境になっている時期は、予算の積算前提の変更につながる金融政策変更を避ける傾向があるが、今や岸田政権がボロボロなので、今は絶好のチャンスだ。

デフレ完全脱却のチャンスとでも官邸に説明すれば、官邸は何も言わないだろう。

短期のマイナス金利の変更は、超テクニカルなので、ステルスでやることもできる。今の日銀当座預金については三層に分かれるが、一層の金利は0・1%、二層目はゼロ金利、三層目がマイナス0・1%。そこで、三層の分け方を微妙に変更すれば形式的にはマイナス金利は維持だが、実質的に金融引き締めというように「ステルス引き締め」が可能だ。

しかも、今やメディアや世論は政治資金問題に染まっている。来年の通常国会開催までに、誰が検察に事情聴取され誰が立件されるかという話が延々と報じられることになるだろうから、金融政策への関心は若干薄れている。

財政政策でも金融政策でも、逆アベノミクスになるような政策がでてくるかもしれない。

（2023／12／18）

2024年予算案に対しても影響を与えた「借金漬け」イメージ

●「借金漬け」は本当なのか

政府は23年12月22日、一般会計総額112兆717億円の2024年度予算案を決定した。国債費が過去最大となり、借金漬けなどと報じられているが、それは妥当なのか。

予算フレームで見てみよう。歳出のうち一般歳出67・8兆円（前年度当初比▲5・0兆円。以下カッコ内同じ）、地方交付税交付金等17・8兆円（1・4兆円）、国債費27・0兆円（1・8兆円）で計112・6兆円（▲1・8兆円）。歳入のうち税収69・6兆円（0・2兆円）、その他収入7・5兆円（▲1・8兆円）、公債金35・4兆円（▲0・2兆円）。

《令和６年度予算フレーム》

【歳出・歳入の状況】

	5年度予算(当初)	６年度予算	5'→6'
（歳　出）			
一　般　歳　出	727,317	677,764	△49,554
社会保障関係費	368,687	377,193	8,506
社会保障関係費以外	308,630	290,571	△18,060
原油価格・物価高騰対策及び賃上げ促進環境整備対応予備費	50,000	10,000	△40,000
地方交付税交付金等	163,992	177,863	13,871
国　債　費	252,503	270,090	17,587
うち債務償還費（交付国債分を除く）	163,895	169,417	5,523
うち利払費	84,723	96,910	12,187
計	1,143,812	1,125,717	△18,095
（歳　入）			
税　収	694,400	696,080	1,680
その他収入	93,182	75,147	△18,035
公債金（歳出と税収等との差額）	356,230	354,490	△1,740
債務償還費相当分（交付国債分を除く）	163,895	169,417	5,523
利払費相当分	84,723	96,910	12,187
政策的支出による赤字相当分（基礎的財政収支赤字）	107,613	88,163	△19,450
計	1,143,812	1,125,717	△18,095

【普通国債残高等の状況】

	５年度末見込み（５年度当初予算ベース）	６年度末見込み（６年度予算ベース）	5'→6'
普通国債残高	1,068.0	1,105.4	37.3
名目ＧＤＰ	597.5	615.3	17.8
普通国債残高／ＧＤＰ比	178.7%	179.6%	0.9%
（参考）国債発行予定額	193.8	172.0	△21.8
うち一般会計における発行額	35.6	35.4	△0.2
うち国債整理基金特別会計における発行額	157.6	135.5	△22.0

（資料）財務省（令和６年１月６日閣議決定）

歳出の一般歳出が減少したのは、主として予備費を1兆円（▲4兆円）に圧縮したからだ。ただし、相変わらず歳出のうち国債費が大きいと報道されている。国債費の主な中身は、債務償還費16・9兆円（0・5兆円）、利払費9・7兆円（1・2兆円）だ。

筆者は「**財務省は不合理な債務償還ルールを撤廃するのが先だ**」など何度もコラムで書いてきているが、筆者が財務省役人当時、国債課課長補佐をしたが、日本の国債制度が海外と違っていることを知らされた。

日本では、国債に60年償還ルールがある。毎年国債残高の60分の1を一般会計から国債整理基金特別会計（減債基金）へ繰り入れしたものが債務償還費として規定され、ちなみにその額は16・9兆円となっている。

日本でも民間会社が社債を発行しているが、減債基金という話は聞かない。減債基金の積み立てのために、さらに借金をするのはおかしいというのは誰でもわかる話だ。民間の社債では、償還期限が来たら借り換えをして、余裕が出たときに償還するというのが一般的だ。

●海外では債務償還費の繰り入れはない

これは、海外の国債でも同じだ。海外の先進国では、かつては国債の減債基金は存在していたが、今ではなくなっているので、債務償還費の繰り入れがない。

しかし、日本では、国債減債基金はまだ存在している。大学の財政学のテキストにも、国債の減債基金の制度やその重要性が説明されているが、海外では存在していないことや、減債基金がなぜ必要なのかにはあまり言及されない。もし学生がそうした質問をしたら、大学教員は説明に困るだろう。

いずれにしても、日本の予算では、歳出が債務償還費分（16・9兆円）、歳入はその同額の国債が、先進国から見れば余分に計上されている。これは当年度に限れば「埋蔵金」である。

2021年度から、こうした批判を受けて、財務省フレームでも、国債発行額は財政赤字ではないので、「財政収支赤字（利払費相当分と政策的支出による赤字相当分の公債金の合計）は、18・0兆円」と注記している。実質的な国債発行額は34・9兆円ではなく、18・0兆円にすぎないが、マスコミ報道では相変わらず借金漬けだといった、印象操作を図っている。

さらに、利払費もおかしい。想定金利を23年度の1・1%から1・9%に引き上げたためというが、妥当ではない。これも筆者の国債課課長補佐時に、来年度中の補正を想定し、その財源のために、余分に利払費を「積んでおく」という慣行があった。実際の金利がそこまで行かない水準に金利を想定し、過大に予算計上するのだ。これは、同じ財務省の理財局から主計局に予算要求するので、通常であれば過剰に予算要求すると削られるのだが、同じ省内のために、過剰に予算要求しておけと逆に言われるのだ。

いくら日銀が金融引き締めになると言っても、現時点で短期はマイナス金利、長期は1%にもなっていない。長期で1%超、短期がマイナス金利から脱するとしても、各年限の加重平均が1・9%になる公算は低い。つまり、今でも「積んでおけ」は健在だ。おそらく1兆円程度過剰に積んでいるだろう。

●2024年予算はもっと異なることに

その上、税収見通しもおかしい。2023年12月21日、閣議了解された2024年度の経済見通しでは、2024年度の名目経済成長率は3・0%とされた。

《主要経済指標》

	令和4年度（実績）	令和5年度（実績見込み）	令和6年度（見通し）	対前年度比増減率		
				令和4年度	令和5年度	令和6年度
	兆円（名目）	兆円程度（名目）	兆円程度（名目）	%（名目）	%程度（名目）	%程度（名目）
国内総生産	566.5	597.5	615.3	2.3	5.5	3.0
民間最終消費支出	315.8	324.9	336.4	5.9	2.9	3.5
民間住宅	21.8	21.9	22.2	1.5	0.4	1.3
民間企業設備	96.9	100.1	104.8	7.8	3.3	4.7
民間在庫変動 ( )内は寄与度	3.6	2.5	2.1	(0.2)	(▲ 0.2)	(▲ 0.1)
政府支出	151.3	155.0	157.6	1.9	2.4	1.7
政府最終消費支出	122.1	124.4	125.6	2.8	1.9	1.0
公的固定資本形成	29.3	30.6	32.0	▲ 1.7	4.5	4.7
財貨・サービスの輸出	123.2	130.2	136.8	18.7	5.6	5.0
(控除)財貨・サービスの輸入	146.2	137.0	144.7	32.3	▲ 6.3	5.6
内需寄与度				5.3	2.6	3.2
民需寄与度				4.8	2.0	2.7
公需寄与度				0.5	0.6	0.4
外需寄与度				▲ 2.9	2.8	▲ 0.2
国民所得	409.0	431.6	443.4	3.3	5.5	2.7
雇用者報酬	296.4	305.5	313.8	2.4	3.1	2.7
財産所得	30.3	32.4	33.8	12.1	6.9	4.4
企業所得	82.2	93.7	95.8	3.9	13.9	2.3
国民総所得	600.6	633.6	653.8	3.1	5.5	3.2
労働・雇用	万人	万人程度	万人程度	%	%程度	%程度
労働力人口	6,906	6,928	6,933	0.1	0.3	0.1
就業者数	6,728	6,749	6,759	0.3	0.3	0.2
雇用者数	6,048	6,089	6,101	0.6	0.7	0.2
完全失業率	%	%程度	%程度			
	2.6	2.6	2.5			
生産	%	%程度	%程度			
鉱工業生産指数・増減率	▲0.3	▲ 0.8	2.3			
物価	%	%程度	%程度			
国内企業物価指数・変化率	9.5	2.0	1.6			
消費者物価指数・変化率	3.2	3.0	2.5			
GDPデフレーター・変化率	0.8	3.8	1.7			
国際収支	兆円	兆円程度	兆円程度	%	%程度	%程度
貿易・サービス収支	▲23.4	▲ 8.9	▲ 10.9			
貿易収支	▲18.0	▲ 3.9	▲ 3.7			
輸出	99.7	101.8	107.4	16.4	2.1	5.4
輸入	117.7	105.7	111.1	35.0	▲ 10.2	5.0
経常収支	8.3	22.7	23.1			
経常収支対名目GDP比	%	%程度	%程度			
	1.5	3.8	3.7			

(資料)財務省。ただし一部体裁を変更

《令和6年度(2024年度)一般会計予算》

〔歳入〕

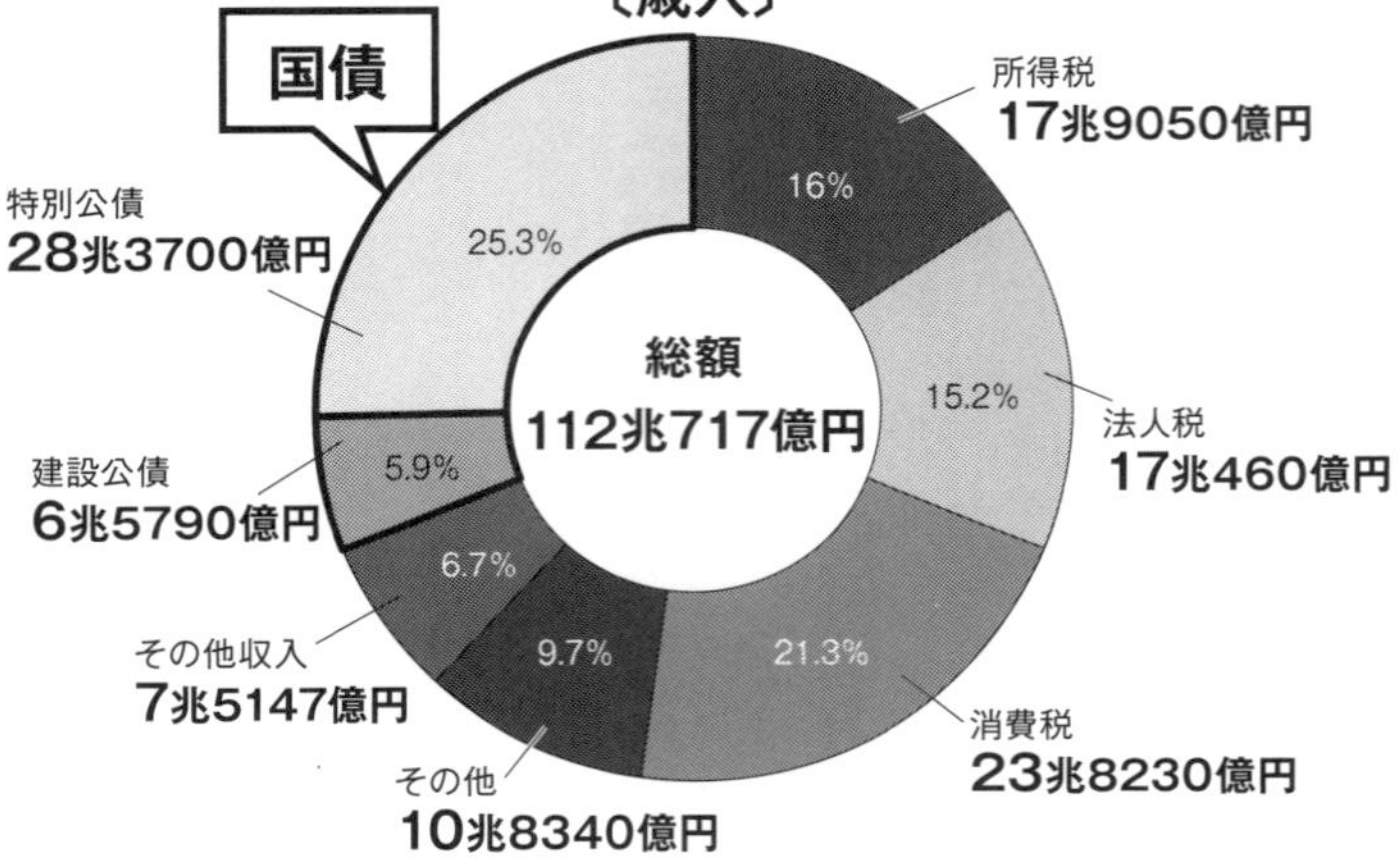

〔歳出〕

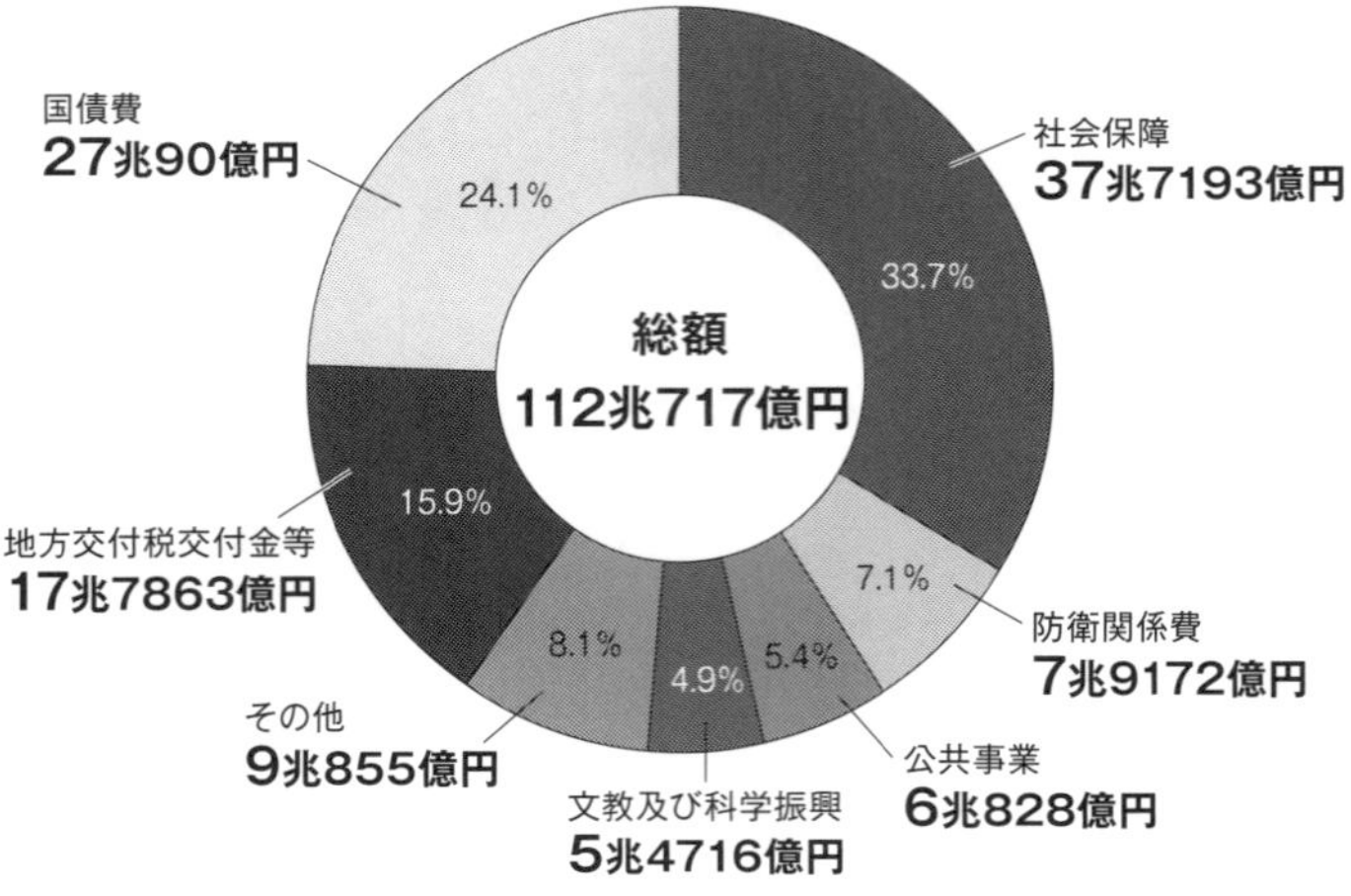

税収弾性値は2～3が普通だが、従来の慣例で固めの１・１としても、税収は３・３％増、２・３兆円増の71・7兆円のはずだ。普通の税収弾性値2～3であるとすると、税収は6～9％増となるので、本来の税収は73・6兆円（4・2兆円増）～75・6兆円（6・2兆円増）になるはずだ。

これらを考慮すると、財政赤字は11～13兆円程度、基礎的財政収支（プライマリーバランス／ＰＢ）赤字は1～3兆円程度にすぎない。つまり、あまり財政危機を煽らないほうがいい。

これらは、国債費と税収だけをみて試算したものだが、その他収入などでも、一般会計のところは過少計上するなどの「会計操作」をしばしば行っているので、それらも精査すると、もっと異なる２０２４年度予算の姿になるのではないか。

いずれにしても、これは政府案にすぎないので、２０２４年1月からの通常国会で是非ともまともな国会審議をしていただきたい。より正しい財政の姿を国民の前に明らかにするのが、国権の最高機関たる国会の責務である。

（２０２３／12／５）

この予算で2024年はどうなるか

●筆者の論点の原点

筆者の「現代ビジネス」コラムの初回は、2010年1月5日〈**なぜ日本経済だけが一人負けなのか　鳩山政権は日銀に「デフレターゲット」を捨てさせろ**〉だった。

そこでは、リーマンショック後の財政政策と金融政策について書いている。

《2008年9月のリーマンショックに端を発した金融危機で、先進国では大きな成長の落ち込みがあった。当時は100年に一度の危機といわれたが、各国とも賢明な経済対策（財政政策と金融政策）によって、その危機に対処した。日本を除く先進国は、成長の落ち込みによるGDPギャップを、財政政策と金融政策で埋めたのだ。ところが、日本では埋まっていないので、二番底なんていう不安がでてくる。》

民主党政権になって、2011年3月11日、東日本大震災が起こった。復興予算はいいが、そのために復興増税の話が出てきた。筆者は、大震災直後の2011年3月14日付け

《潜在GDPとGDPの推移》

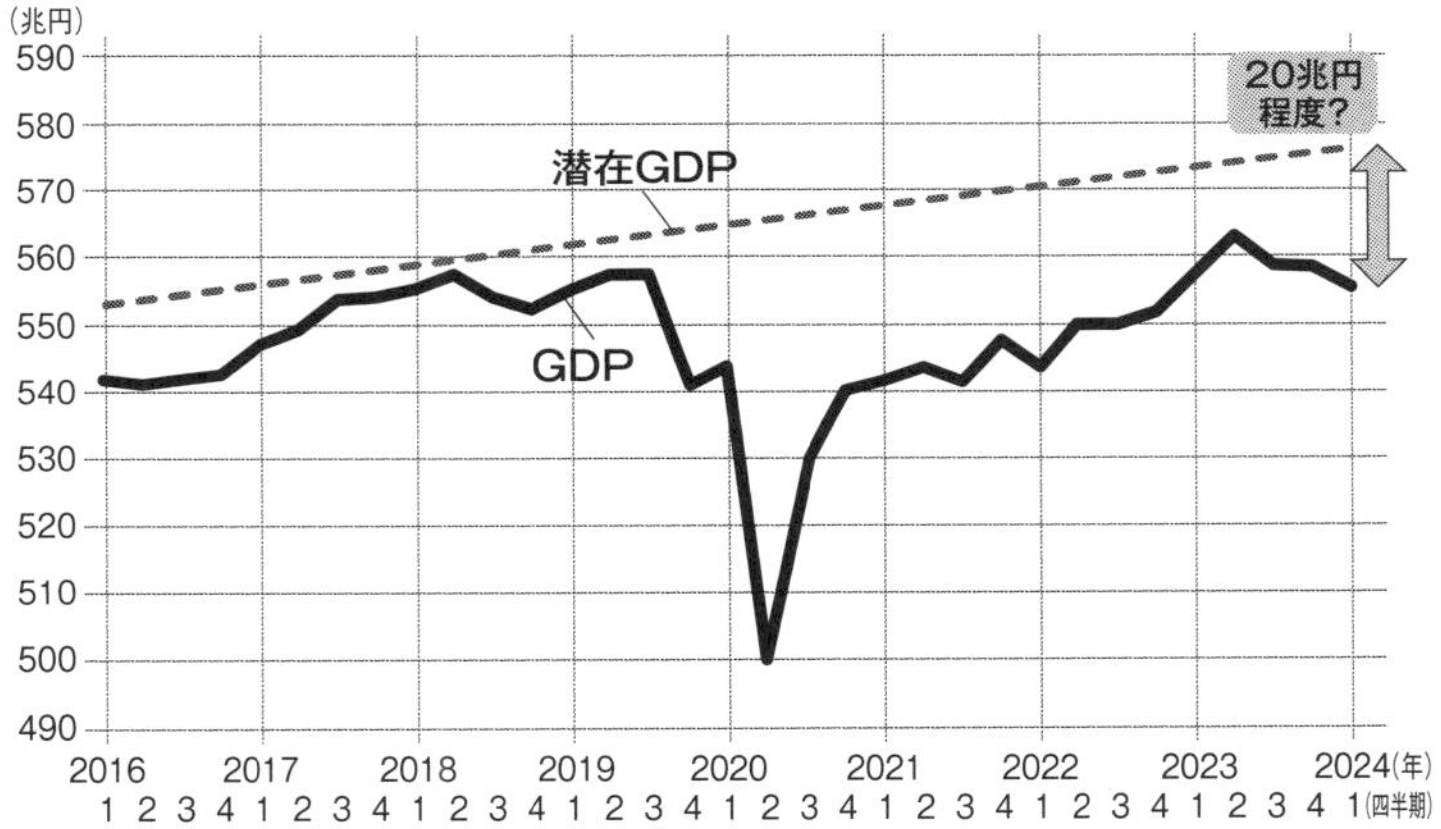

(資料)内閣府。ただし、潜在GDPは筆者試算

コラム〈**「震災増税」ではなく、「寄付金税額控除」、「復興国債の日銀直接引受」で本当の被災地復興支援を　菅・谷垣「臨時増税」検討に異議あり**〉で猛烈に批判している。

筆者の論点の原点は、ここにある。第二次安倍政権の末期、コロナ禍が日本を襲った。当時の安倍総理から筆者にご下問があったのは、「インフレにせずに増税もせずに対策を考えてほしい」という、針の穴を通すような話だった。

ＧＤＰギャップの推計などから、結果的に１００兆円対策（予算）、財源は発行した国債を日銀が買い受けするという提案をした。インフレ目標を過度に上回るインフレにならないだろうと踏んでのことだ。これは、安倍・菅政権で実施された。

その結果、失業率増加で見た経済パフォーマンスは先進国でトップだ。しかも、かつてはコロナ増税という噂も財政当局から流されたらしいが、これまでのところ増税措置はない。実は増税措置をいえない仕組みにしたのだ。筆者としては、リーマンショック、東日本大震災のときの愚策を行わなかったのはよかったと思っている。

●岸田首相は「持っていた」が……

岸田政権は「持っていた」。安倍・菅政権のように、民主党が約束した消費増税もない、コロナ禍もない。それで100兆円対策の景気効果があるままなので、経済運営は楽だった。さらに、2023年5月には地元広島でのサミットで錦を飾った。

2016年から2023年末までのGDPギャップの推移を見てみると、経済運営が楽だった割には、ちょっとさえない。経済が悪いわけではないが、もっと突き抜けてもいい。それは、緊縮的な財政政策と引き締め重視の金融政策のせいだ。

「増税メガネ」と揶揄された岸田首相も、「減税」を頑張ってみた。しかし、減税は財務省の虎の尾を踏み、結果として財務省から強烈なハシゴ外しを食らっている。

この動きと、昨年末から世間を騒がしている検察の政治資金の動きは表面的にはまったく無関係だ。しかし、財務省と検察はともに国家権力を担うセクションとして相対する関係にある。

筆者が現役の財務省の役人であったときには、セクション間での人事交流があった。検察は、政治資金の流れの解明のときには、税法などが絡むケースもあるので、検察は内々に財務省に税法の適否を問うこともあった。

●もはや「予算管理内閣」

財務省から見れば検察の動きが多少見えていることもあり、今回の政治資金の動きを見越して、岸田首相のハシゴ外しに動いたのかもしれない。いずれにしても、昨年末からの政治資金の問題は、大きく自民党を揺さぶり、収拾がつかなくなっている。

岸田首相は政治の混乱をよそに悲願である「安倍派外し」を試み、財務省の歓心を買おうとしたのかもしれない。しかし、時すでに遅しで、岸田内閣の支持率は低下し、青木率（内閣支持率と政党支持率の和。50ポイントを下回ると政権が倒れるとされる）で見ても危険水域だ。

岸田政権はもはや「予算管理内閣」だ。２０２４年度予算を作り、国会を粛々と通すことしか役割はない。衆院通過は2月末、その後は自然成立で年度内予算成立が確実になるので、「ポスト岸田」が喧しくなるだろう。

●世界の動きに対応できるか

もっとも、世界のほうはもっと動きが急だ。

政治日程だけでも、２０２４年1月13日に台湾総統選、2月はインドネシア大統領選、3月にロシア大統領選、4月～5月インド総選挙、6月6～9日に欧州議会選、11月アメリカ大統領選挙と、主要国で政治図式がガラッと変わる可能性が高い。重要国際会議は、6月13日～G7首脳会議（イタリア）、11月18日～G20サミット（ブラジル・リオデジャネイロ）がある。

岸田政権は支持率低下で完全にレームダック化しているので、２０２４年は日本でも総選挙になる可能性がある。

日本に関係のある世界の出来事と言えば、1月の台湾総統選だ。現時点では民進党の頼清徳副総統がリードしているが、まったく予断を許さない情勢だ。ただし、中国はどのような候補が総統になっても、すぐには動かないだろう。11月の米大統領選まで行動を避け、その帰趨を見極めるのが合理的だ。

現時点では共和党トランプ氏が優勢だ。もしトランプ氏が大統領に返り咲いたら、アメリカ優先主義を極め、ＮＡＴＯ離脱という選択肢もゼロではない。ウクライナは欧州問題として手を引き、台湾もアジア問題として関与しない可能性がある。

アメリカ議会で演説する岸田首相（2024年４月11日）

その場合、日本はかなり苦しい。「自由で開かれた」という民主主義をアジアで守るのは日本だが、その責務が果てしなく大きくなるためだ。

自民党内の派閥均衡的な考え方で、財務省の「増税ロボット内閣」になれば、経済はボロボロで、外向きにも日本の立場をはっきり主張できなくなる。自民党内で無派閥のトップが首相になれば、それとはまったく違った展開が期待できる。はたして２０２４年はどうなるだろうか。（２０２４／１／１）

第2章

景気回復、給料アップはいつになる

改めて言う、円安は日本経済に「悪影響」ではない

●個人ではマイナスでも、国はプラス

筆者はＡＢＣ（大阪朝日放送）の『正義のミカタ』に出演しているが、本番前、芸人のほんこんさんが、「ひろゆきが、高橋先生の円安上等発言に絡んできていますよ」と教えてくれた。筆者は、実のところＳＮＳをあまり見ないのでこうした話には疎く、いつも助けられている。そこで、

《ほんこんさんから。誰かが、オレの円安を批判しているらしい。円安（自国通貨安）は日本有利（自国有利）なのは、近隣窮乏化として古今東西知られている。これに文句があるなら、ノーベル賞クルーグマンや国際機関と議論したら。賢い人は国全体の話と個人を分けられる。そうでない人は自分の話だけ》

《井川さん（井川意高さん）は円安は国全体でプラスだが個人ではマイナスときちんと理解していた。円安が個人にマイナスの人もいるけど、ヘッジくらいできないのかねえ》

《各通貨安が自国・他国のGDPに与える影響（3年以内）》

（%）

各通貨安	日本	アメリカ	EU	中国
円〈10%安〉	⇧0.4〜1.2	▲0.2〜0	▲0.2〜▲0.1	▲0.1〜▲0.2
ドル〈10%安〉	▲0.3〜0	⇧0.5〜1.1	▲0.2〜▲0.6	▲0.3〜▲0.6
ユーロ〈10%安〉	▲0.2〜0	▲0.2〜▲0.1	⇧0.7〜1.7	▲0.1〜▲0.2

（資料）The OECD's New Global Model

とXにポストした。

ほんこんさんから放送後に〈ひろゆき氏　高橋洋一氏に「ホントに学者?」　1ドル300円上等を猛批判　「キリトリ」指摘も返り討ち「小学生でも分かる」〉と〈「ひろゆきさん、「本当に学者なの?」経済学者の『円安上等。1ドル＝300円』に再反論「数式も根拠も出せない」〉を送ってもらった。

筆者のポストに対して、「数式も根拠も出せない」ときたので、《テレビ（ABC）で近隣窮乏化（自国通貨安は自国有利）を解説したのが上図。出典にThe OECD's New Global Modelとあるが、これは数式の塊なんだけど。英語が読めなくても数式の羅列だからわかる人にはわかるけどね。だから結論も数字になる》と、数式の根拠も示した。

●人を批判したいなら資料くらい見たら……

筆者は、テレビで解説するときも、この程度の数字の根拠は用意している。5月4日にABCで解説したときの図にも、はっきりと出典を示している。

「数式も根拠も出せない」どころか、既に出してある。放送時の資料に明記し、放送時の解説でも話している。人を批判したいなら、その放送くらい見るべきだろう。見てもわからなかったというなら、批判しないほうがいい。

また、この円安による近隣窮乏化をもし否定できるなら、ノーベル賞級の業績なので、筆者なんかに絡まずに、ノーベル賞論文を書いた方がいい。ちなみに、ノーベル賞学者であるクルーグマン教授も「円安は日本にプラス」と言っている。

馬鹿馬鹿しい話だが、ABC『正義のミカタ』の名誉に関わることなので、書いておく。なお、近隣窮乏化は筆者の感想でもなく、古今東西確立された事実だ。

円安の「恩恵」数十兆円を〝国民に還元〟せよ

外国為替市場の円相場は一時、１ドル＝１６０円まで円安ドル高が進んだ後、政府・日銀の為替介入とみられる動きがあり、乱高下している。

マスコミは「円安＝悪」という論調も多いが、前述のようにマクロの日本経済にとって円安の恩恵は大きい。

トランプ前米大統領は、為替の円安ドル高について「米国の製造業にとって大惨事だ」とＳＮＳに投稿し、無策のジョー・バイデン政権を批判した。

古今東西、自国通貨安は「近隣窮乏化政策」として知られている。円安は日本の国内総生産（ＧＤＰ）にはプラス要因となり、米国などの周辺国にとってはマイナス要因となる。

このことは国際機関での経済分析からも知られている。前掲のように、経済協力開発機構（ＯＥＣＤ）の経済モデルでは、10％の円安で、日本のＧＤＰは１～3年以内に０・４～１・２％増加するが、米国のＧＤＰは０・２％低下する。

その証拠に、最近の日本企業の業績は好調だ。直近の法人企業統計でも過去最高収益になっている。これで、法人税、所得税も伸びるだろう。さらに多くの人は気づいていないが、円安によって国内で最大の利益を享受しているのは、日本政府だ。政府は百数十兆円のドル債を外国為替資金特別会計（外為特会）で保有しており、その含み益は数十兆円になるだろう。

このため、国内から円安を止めることは国益に反する。

しかし、マスコミ報道の大半は「円安が悪い」という印象操作をしてきた。財務省も外為特会に言及されないように、この「円安悪者論」に加担してきた。

しかし、ついに海外から文句が来た。今まで米国から文句がなかったのは奇跡であり、トランプ氏が指摘するようにバイデン政権の無策かもしれない。

トランプ氏の周辺には、国益優先のスタッフがいるのだろう。本来であれば、バイデン政権は労働者層の支持を得ているので、円安が米国の不利益になっているのを見逃してはいけなかった。トランプ政権になったら、そうも行かなくなるだろう。

為替が両国通貨の交換比率である以上、理論的には両国通貨量の比が「理論値」となる。

その理論値が足元で1ドル＝110円程度であることを考えると、現状の円安は大変な幸運だった。その幸運のうちに、政府が保有する外為特会の含み益を早く取り出すことを考えるべきだ。

単純にいえば、外貨債を売却するわけだが、それが円安是正への介入とみなされても、今ならさほど問題にならないだろう。その売却自体は為替相場に与える影響はごく短期しか有効でないが、ひょっとすると理論値への回帰になるかもしれない。

ただし、それが政治的に「トランプ氏支持」とみなされることを警戒せざるを得ないなら、有期の外貨債を償還するだけでもいい。これは売却と同じであるが、償還なので介入とはみなされないはずだ。

そもそも日本の保有外貨債残高はGDP比100％以上で、先進国の保有外貨債残高平均10％程度と比べて突出して高い。それは償還時期を迎えた外貨債を再購入しているからで、いってみれば「ステルスドル買い」だ。変動相場制なら、再購入してはいけないので、自然体で対応すればいい。

そのうえで、外為特会の含み益を順次取り出して、国民に還元すべきである。

日経平均最高値更新はバブルなのか？

●今の株価は「バブル」なのか

日経平均株価がとうとう、1989年12月29日の大納会の日につけた3万8915円87銭を抜いた。2024年2月22日の終値は3万9098円68銭だった。

株価が上昇することについて、実感がないなどと貶《けな》す人もいるが、株価上昇自体は悪いことではない。むしろ今まで34年も抜けなかったことのほうが問題だ。ちなみに、34年前と比較すると、アメリカのダウ平均株価は14倍、イギリスのFTSE100指数は3倍、ドイツのDAX指数は9倍になっている。

日本国内の動きだけをみて、今の株価が「バブル」という人もいる。では、バブルをどのように定義すればいいのか。

一般的な定義としては、バブルは「ファンダメンタルズ価格から離れた資産価格の動き」である。ただし、この「ファンダメンタルズ価格」は理論価格とされるが、その具体的な算出方法は具体的にはいろいろと差異がある。

仮に「理論価格」を特定したとしても、現実の価格は理論価格から異なっているのが通例であり、どこまで乖離したらバブルかという客観的な基準は存在しない。

歴史上有名なバブルは、チューリップ・バブル（オランダ）やミシシッピ計画（フランス）、南海泡沫事件（イギリス）などがあげられる。日本でも、1980年代後半の経済状態がバブルといわれるが、過去の歴史上のバブルに比較したらたいしたことではない。

いずれにしても、バブルというのは、事前には好景気となかなか区別がつきにくい。そこで事後的な整理として、グリーンスパン元FRB議長は「バブルは崩壊して初めてバブルとわかる」と言ったとされている。

資産価格の特性として、価格の先取りがあるので、常にオーバーシュートがあって、理論価格とは乖離している。つまり日常的にバブルは潜在し、先取り価格が実現しないときにクラッシュが発生する。隣り合わせなのだ。

●理論株価を大きく上回るのがバブル

こうした資産価格の性質から、バブルを特定してそれを事前に「予防する」ことはまず

《日経平均と理論株価の推移》

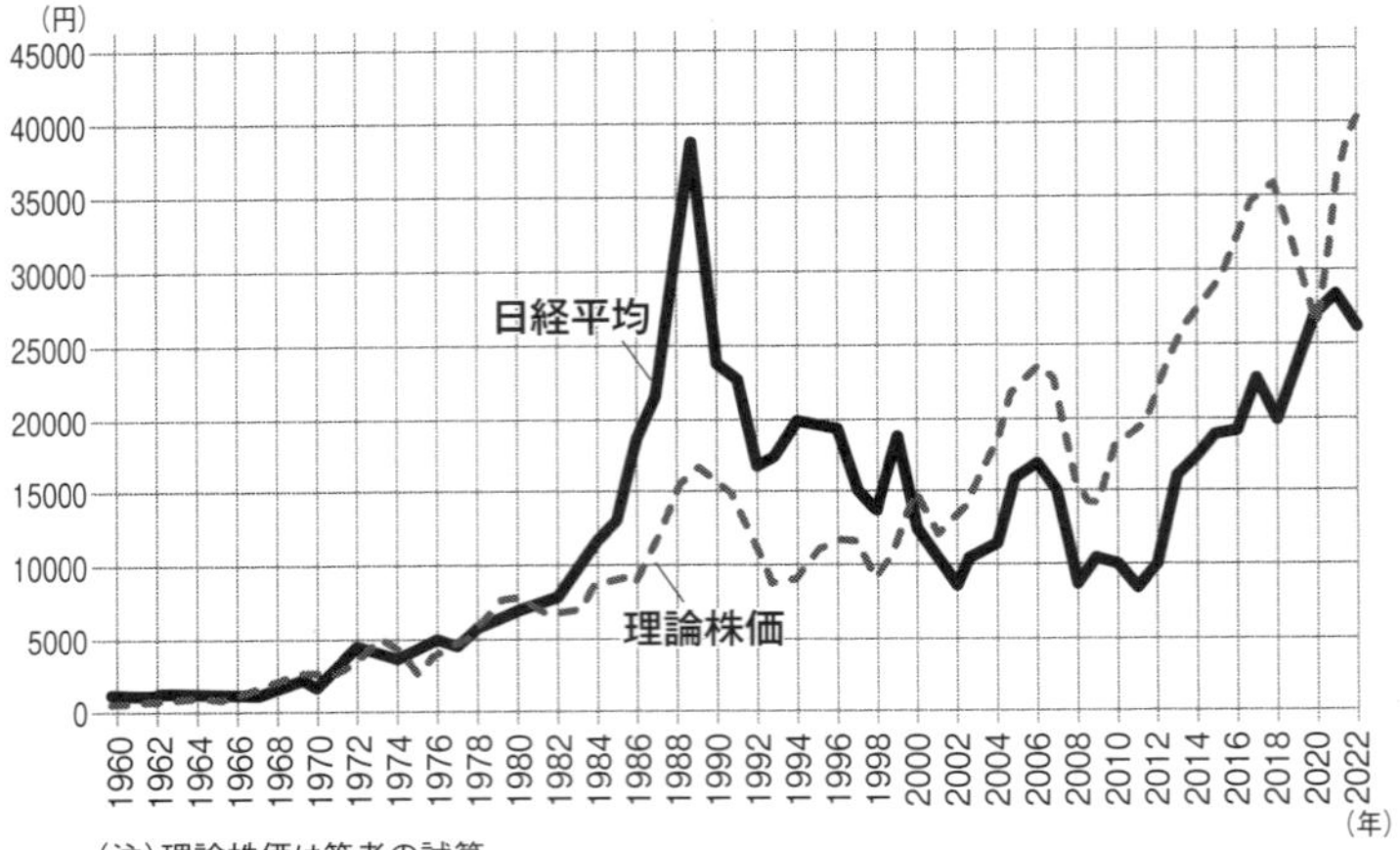

(注)理論株価は筆者の試算

できない。

それではどうしたらいいのか。筆者の経験も交えて述べてみよう。筆者は、日本のバブル当時、大蔵省証券局に在職して、その状況を目の当たりにし、株価上昇に伴う証券会社の違法まがいの「損失補塡」の解決のために、証券会社の営業適正化の担当官だった。

ちなみに、その証券規制は、「角谷通達」といわれ、筆者は起案者の一人だ。その発出日は1989年末、つまり発出日が株価のピークだった。

その当時、筆者の試算した「理論株価」は、2万円程度だった。つまり実勢株価は、その2倍程度になっており、脱法まがいの不適切な証券会社の営業を続けさせれば、もっと乖離が生じた段階で株価崩壊となるのは見えていた。筆者は、どの程度株価が下がるかと幹部から質問され、理論株価の２万円程度までは低下すると答えた記憶がある。

前ページ図は改めて、理論株価の推移を示したものだ。

実際、１９８５年頃までは、経常収益で株価の動きはほとんど説明できる。１９８６年以降になると、理論的株価より実際の株価が上回るようになった。いわゆるバブルだ。それは１９８９年末まで続いた。なぜバブルになったかと言えば、上述のように税制上の抜け穴が証券会社に上手く利用され、財テク金融商品が横行したことが一因だ。

財テクは、時価発行増資による株価をさらに上げ、発行コストが安くなり、さらに財テクを促すというスパイラルを招き、株価はうなぎ登りになった。営業適正化を行えば、株式回転売買率が下がり、結果として株価も下落することは予見されていた。

●２０００年代は株価の過小評価が続いていた

実際、その当時、現実の株価は理論的株価の2倍程度まで膨らんだ。バブル崩壊後は、過大評価は順次修正されたが、２０００年代に入ると、逆に過小評価になった。これは、日銀が金融引き締めを継続していたことが大きな原因だ。

過小評価のピークは2010年代初めの民主党政権下であり、6割程度も実際の株価は理論株価より低かった。2012年末に第二次安倍政権がスタートとすると、アベノミクスによる株価上昇があり、株価の過小評価が徐々に修正されてきた。安倍・菅政権の2020年までに、ほぼ過小評価を解消した。

岸田政権になってからも企業収益の回復は順調だ。岸田政権は基本的にはアベノミクスを継承したので、消費増税もなくコロナ禍もなかったので、企業収益が改善するのは当然だ。

しかし、企業収益の回復の割には、なぜか株価の過小評価が続いた。おそらく、増税指向なので将来の収益を低く見積もらざるを得なかったからだろう。しかし、2023年には過小評価が4割程度にまでなると、株価が自律反転し上昇し始めた。

以上の簡単な考察から、現在の株価は企業業績からの説明ができる水準である。


ところで、バブル期のマクロ経済はどうだったのか。1987年~1990年前半のインフレ率は0・1~3・1%という、ごく健全な物価上昇率であって失業率も低下して、マクロ経済状況はよかった。

株価など一部の資産価格だけが、資産価格での税制上の取り扱いに不備があって、金融機関がその抜け穴を利用して、資産価格だけを押し上げていたのが実態である。これをマスコミは、実際に不適切行為を行っていた金融機関にのせられて日銀の金融緩和のためと報じた。

当時、日銀もインフレ目標がなく、一般物価と資産価格の上昇を混同しており、かつ、金融引き締めを好むという日銀ＤＮＡもあって、バブル崩壊後も金融引き締めを継続して、日本の失われた30年のデフレの原因を作った。

はっきりいえば、バブルは崩壊するまでわからないが、違法な取引があればミクロな取引規制をする。ただし、マクロ的な金融政策はインフレ目標に従い高いインフレ率でなければ対応しないが、バブル崩壊がマクロ経済へ悪影響があれば機敏に事後対応すべきだ。

●実勢株価にも勢いがなくなる

日銀だけが悪かったわけでもない。財務省も失われた30年間で緊縮財政を続けたという意味では、日銀に負けず劣らず酷かった。日銀は、安倍・菅政権時代には、日銀人事を適

《各国公的資本形成の推移》

日本の公共投資は、30年間で4割も減少している

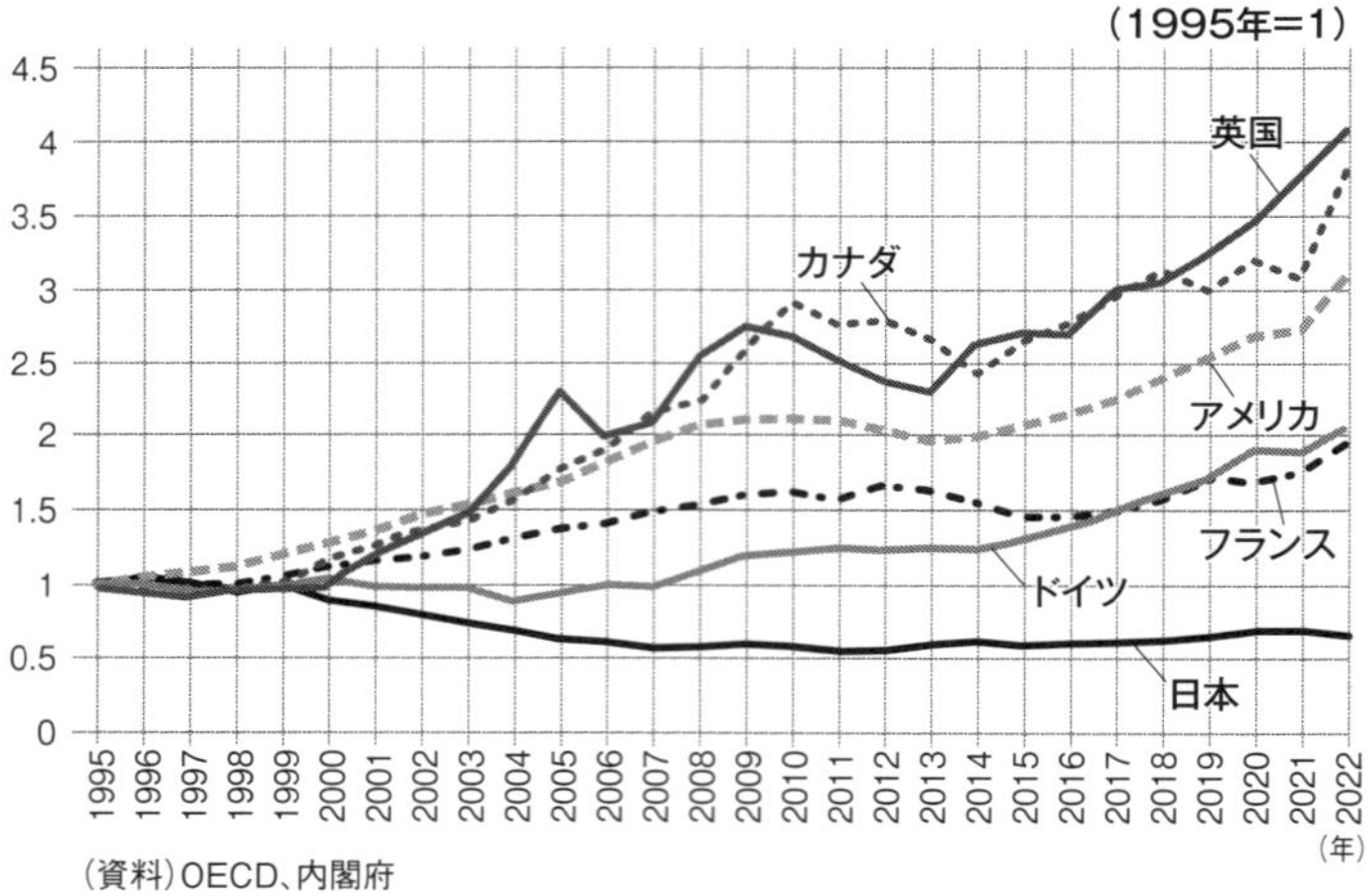

(資料)OECD、内閣府

切に行い、まずまずのパフォーマンスだった。

デフレについては、安倍・菅政権のアベノミクスで脱出の糸口が見えた。GDPデフレータ伸び率でみると、1994年以降、安倍・菅政権以前は平均▲0・9%であったが、安倍・菅政権で+0・6%まで改善した。残念だったのは、二度の消費増税とコロナ禍だった。それらがなければ、GDPデフレータの伸び率は2%程度までなっていただろう。二度の消費増税は民主党政権が決めたこととはいえ、日本経済のデフレ脱却には大きな足かせになった。

特に、アベノミクスで民間金利を低下させたが、政府内金利(社会的割引率)は4

%のまま20年間据え置きで、あまりに高すぎて、政府投資（公共投資）が出なかった。

これは、国際比較のグラフを見れば一目瞭然だ（前ページ図参照）。各国の名目ＧＤＰの推移をみると、日本はほぼ横ばいでも少しはプラスであったが、公共投資ではさらに酷く、日本は30年前の４割程度も減少している。

このような財務省と日銀のチョンボがなければ、とっくに34年前の株価は更新していたはずだ。忘れてはいけないのは、政府内金利（社会的割引率）が、現在も依然として４%のままであることだ。こうした政策を続けていると、理論株価は上昇せず、そのうちに実勢株価にも勢いがなくなるだろう。

実質賃金は〝いつ浮上する〟のか　26か月連続マイナス

厚生労働省の毎月勤労統計で、実質賃金が25か月連続でマイナスとなった（7月8日発表で、26か月連続マイナスとなった）。プラスに転換する時期はいつごろか。早期にプラス転換させるには、どのような施策が必要だろうか。

《名目賃金と実質賃金の推移（前年同月比）》

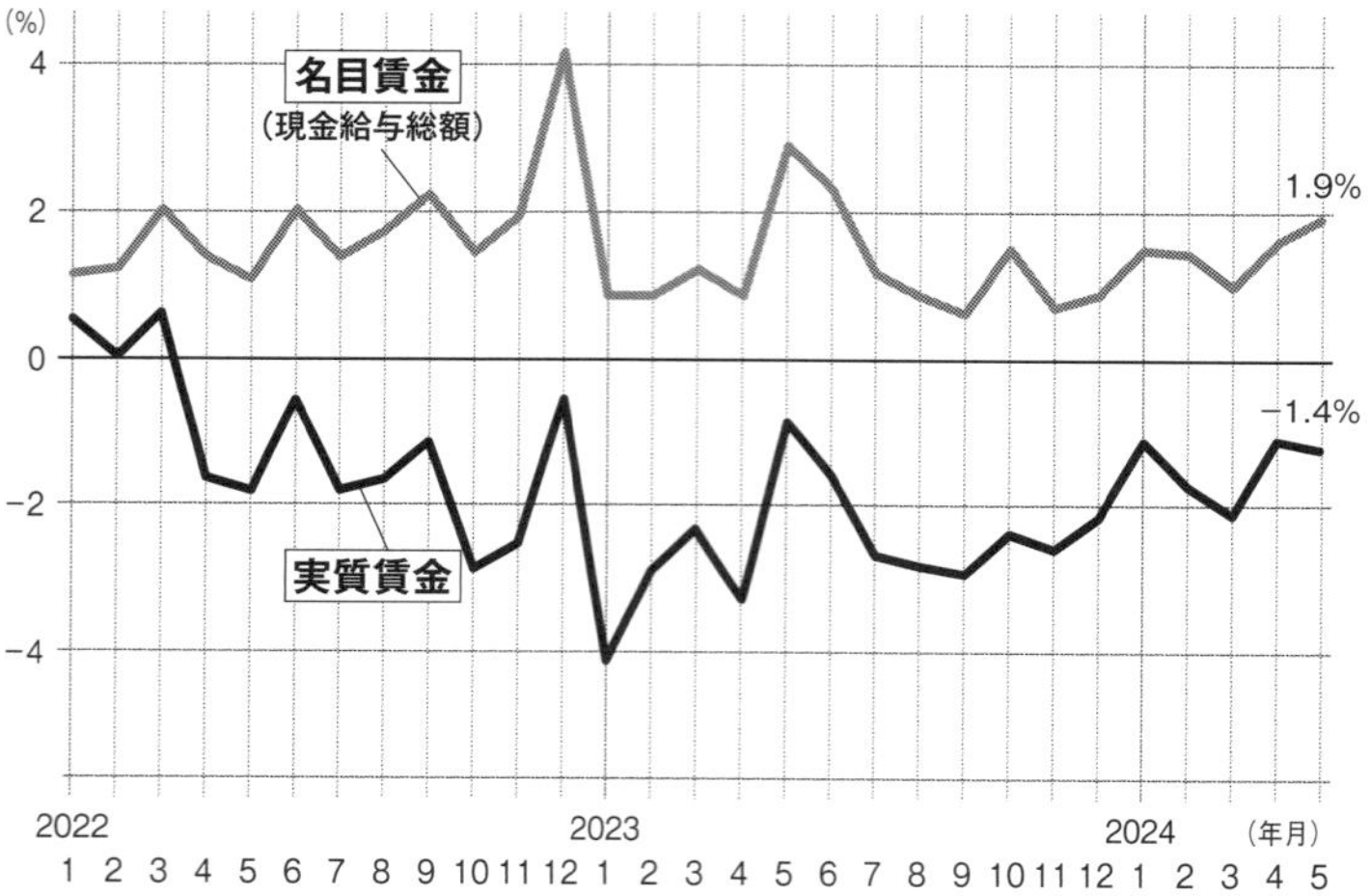

（出所）厚生労働省「毎月勤労統計調査」（2024年5月は速報値）

まず、実質賃金に関する統計の特徴を述べよう。２０２３年の賃上げ率は３・58％（連合調査）であったが、同年の消費者物価指数（生鮮食品を除く総合）は３・１％の上昇率で、賃上げ率の方が高くなっていた。つまり、普通の「実質賃金」はプラスだといえる。

しかし、しばしば報道等で紹介されている「実質賃金」は、厚労省が毎月勤労統計で公表しているものだ。ここでは「帰属家賃を除く総合」が物価指数として用いられている。

持ち家にも家賃負担があるとみなす「帰属家賃」は上昇率がほぼゼロであるため、これを除くことで物価上昇率が高くカウントされている。日銀が物価の見通しに用いる「生鮮食品を除く総合」の値と比べても、最近では０・５％程度高い値となる傾向がある。

１９７０年より前は、日本の消費者物価指数に帰属家賃は入っていなかった。しかし、持ち家比率は各国によって違うので、消費者物価の上昇率を国際的に比較するために、日本も帰属家賃を含む消費者物価指数に変更した。

他方、厚労省は、従来から実質賃金を旧来の消費者物価指数に基づいて計算していたため、継続性という観点から、消費者物価指数から帰属家賃を除くインフレ率を使って現在に至っている。ちなみに、経済分析においては、各国とも帰属家賃を含めてインフレ率を計算するのが普通である。

米国、英国、ドイツいずれも、直近（２０２３年など）の実質賃金の上昇率のプラス化を見ると、消費者物価上昇率の低下が先行する形で実現している。

●失業率低下とＧＤＰギャップ解消が必要

さて、日本の実質賃金はいつプラス化するのか。

名目賃金上昇率と厚労省の毎月勤労統計での「インフレ率」との関係となるが、日銀のインフレ目標2％が達成されても、厚労省の毎月勤労統計での「インフレ率」は2・5％程度になり、実質賃金がプラスになるには、名目賃金上昇率が2・5％以上になる必要がある。しかし、岸田文雄政権では、名目賃金上昇率が2・5％以上となったのは、発足後31か月中2回しかなく、これはちょっと望み薄だ。

日銀が発表する「インフレ率」が1・5％まで下がれば、名目賃金上昇率は2％以上でよく、これは岸田政権でも7回あるので達成できるだろう。その時期は秋口か年内になるのではないだろうか。しかし、この「インフレ率」を下げての〝結果オーライ〟は、再びデフレに戻る危険もあるので、安定的に実質賃金プラスにはなかなかならないだろう。

やはり名目賃金上昇率は3％程度がほしい。そのためには、今の失業率2・6％が2％前半まで低下することが望ましく、少なくともGDPギャップ（潜在的な供給力と実際の需要の差）の解消が必要だ。（※6月28日発表の完全失業率も、2月から変わらず2・6％だった）

筆者の試算では、GDPギャップは20兆円程度あるので、それを埋めるような減税その他の経済対策が即効策だ。

実質賃金をプラスに転換させる経済政策が必要

実質賃金のマイナス基調が続いているが、プラスに転換させるには、どのような経済政策運営が必要となるだろうか。

物価と失業率の逆相関関係（物価が上昇すれば失業率は下がる）を示す「フィリップス曲線」がある。これは筆者が繰り返し紹介しているが、この「フィリップス曲線」上で、ＮＡＩＲＵ（インフレを加速させない失業率）を目指す、というのが筆者の主張だ。

この状態になれば、「インフレ率＋１～２％程度」の継続的な賃上げ、つまり実質賃金のプラス転換を実現しやすい。

ただし、この筆者の理解は、日本の経済学者には不評だ。その理由は「フィリップス曲線は安定的ではないので、インフレ率と失業率の実際の関係は簡単にはわからない」というものだ。

しかし、それは統計数字の小数点以下をきちょうめんに考えすぎではないか。経済学は精密科学ではないので、小数点以下はあまり意味がないと捉えて大ざっぱにみれば、フィリップス曲線の不安定性も気にならなくなる。

『安倍晋三　回顧録』にも、フィリップス曲線の話が書かれている。

「最も重要なのは雇用です。2％の物価上昇率の目標は、インフレ・ターゲットと呼ばれましたが、最大の目的は雇用の改善です。マクロ経済学にフィリップス曲線というものがあります。英国の経済学者の提唱ですが、物価上昇率が高まると失業率が低下し、失業率が高まると、物価が下がっていく。完全雇用というのは、国によって違いはありますが、大体、完全失業率で2・5％以下です。完全雇用を達成していれば、物価上昇率が1％でも問題はなかったのです」とある。

日本のNAIRUは、安倍元首相のいうように2％台前半だが、安倍氏は「NAIRUを聞いても答えられない人ばかりだ」と嘆いていた。

となると、景気をみるうえで重要な指標は「失業率」と「インフレ率」になる。ただし、インフレ率は、「ビハインド・ザ・カーブ」の原則から、インフレ目標の2％を超えてもすぐ引き締めをせずに、4％程度まで我慢したほうがいい。そのほうが高圧経済を誘発し、

《フィリップス曲線／インフレ率と失業率の関係》

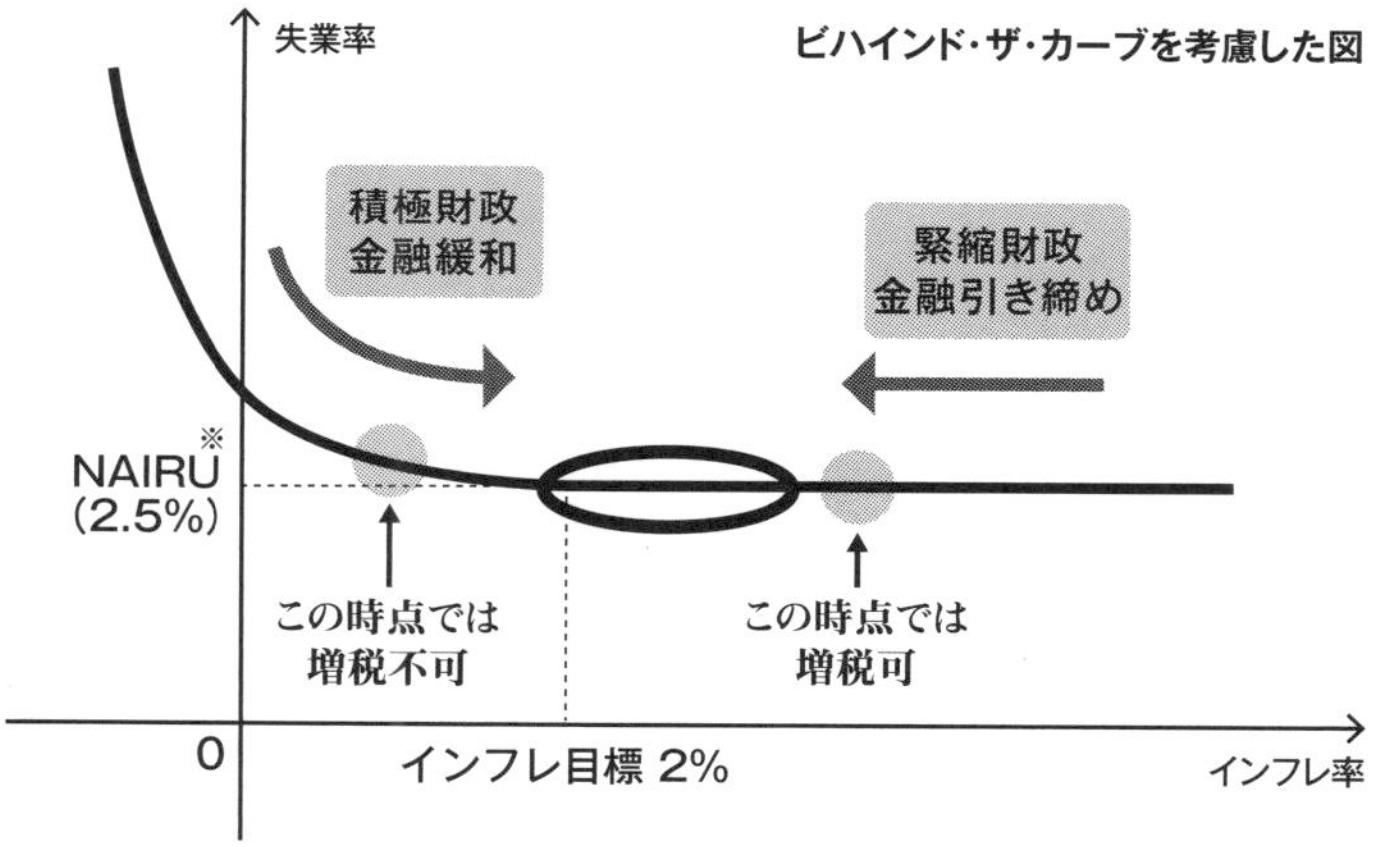

※NAIRUとは、インフレ率を上昇させない失業率

賃金上昇が容易になる。インフレ率が２％を下回るようなら、財政・金融政策の一体発動で対処すべきだ。

このあたりのマクロ経済の理解の差なのか、実質賃金の動きをみると、第２次安倍政権・菅義偉政権と、現在の岸田文雄政権の差は顕著だ。

安倍・菅政権当時は、民主党時代に仕組まれた２度の消費増税と「コロナ・ショック」という大きな試練があり、その直後は実質賃金はマイナスになったが、それ以外の期間ではおおむねプラスだった。安倍・菅政権の105か月中、実質賃金がマイナスだったのは57か月で、54％だった。

一方、岸田政権では菅政権直後のプラスを

除き、29か月中24か月の実質賃金がマイナスで、その比率は83％だ。

２０２４年６月に所得税と住民税の減税を行うのはいいが、減税を行うならもっと早く、昨年12月に行っておくべきだった。その一方で、利上げをするなど、岸田政権はせっかくのチャンスを生かせていないのではないか。

２０２４年度予算成立に隠されている財務省と政府のウソ

●能登半島地震では、補正予算を怠った

２０２４年３月２日、２０２４年度予算が衆院において、自民・公明の賛成多数で可決され、憲法の規定により年度内での成立が確定した。

この予算には能登半島地震の復興に向けた予備費が含まれていることから、岸田首相は、「石川県の馳知事からもこれで安心して復興復旧に取り組むことができると、（予算の）早期成立に向けて参議院での審議も丁寧に臨んでいきたい」といった。

筆者は震災直後、コラム**〈能登半島地震、東日本大震災のような「復興増税」が出てくる余地はない〉**で指摘したが、震度7クラスの震災では1か月で災害復旧費の補正予算を組むのが、これまで例外のない前例だ。

しかし、能登半島地震の復旧では23年度での補正予算を怠り、24年度回しにして、24年度予算成立のための口実に使うとは、あきれてものが言えない（詳しくは後述）。一方、野党も、23年度補正予算の圧力をかけなかったために岸田首相の言い分を許しており、国民民主党を除き23年度補正予算をきちんと言わなかったのは大失態だ。

●25年度もPB黒字化目標？

ともあれ、24年度予算の成立が確実になったので、次の話は25年度予算の攻防になるだろう。

その上で、25年度PB（プライマリーバランス）黒字化目標は、財政健全化のシンボルになっている。1月22日に経済財政諮問会議に提出された「中長期の経済財政に関する試算」では、成長実現ケースにおいても25年度のPBは▲1・1兆円（対GDP比▲0・2%）とされている。

今の景気動向から見ると、ＰＢ黒字化は達成しうる勢いだが、事後的に結果が出るまで、財務省は緊縮を求めるだろう。

財務省の出先ともいえる自民党財政健全化推進本部（古川禎久本部長）は、茂木派から引き抜かれた者が集結し、１月31日から議論をスタートさせた。

一方、自民党内議論で、財政健全化推進本部とのバランスをとると期待されている財政政策検討本部（西田昌司本部長）は、３月７日から議論をスタートさせる。こちらには、筆者も有識者の一人として意見を聞かれた。

そこでどのようなことを話したか。

読者であればご存じだろうが、国の財政状況は、中央銀行を含めた統合政府のバランスシートにおけるネット資産（対ＧＤＰ比）でみるべきである。

現行のＰＢは、統合政府ではない狭義の政府のバランスシート分析のためには有用であるが、統合政府の分析には、現行ＰＢではなく、統合政府に対応したＰＢが必要である。

このあたりは、これまで数式展開を含めて書いていることだ。

いずれにしても、統合政府でみれば、筆者が考えるに日本の財政健全度はＧ７中２位である（左下グラフ）。なので、現行ＰＢは赤字でも当面問題はない。

《中央政府（狭義）の債務残高（対GDP比）の推移》

政府の借金の部分だけ見ると、GDPの2倍以上
（財務省、マスコミはこれしか言わない）

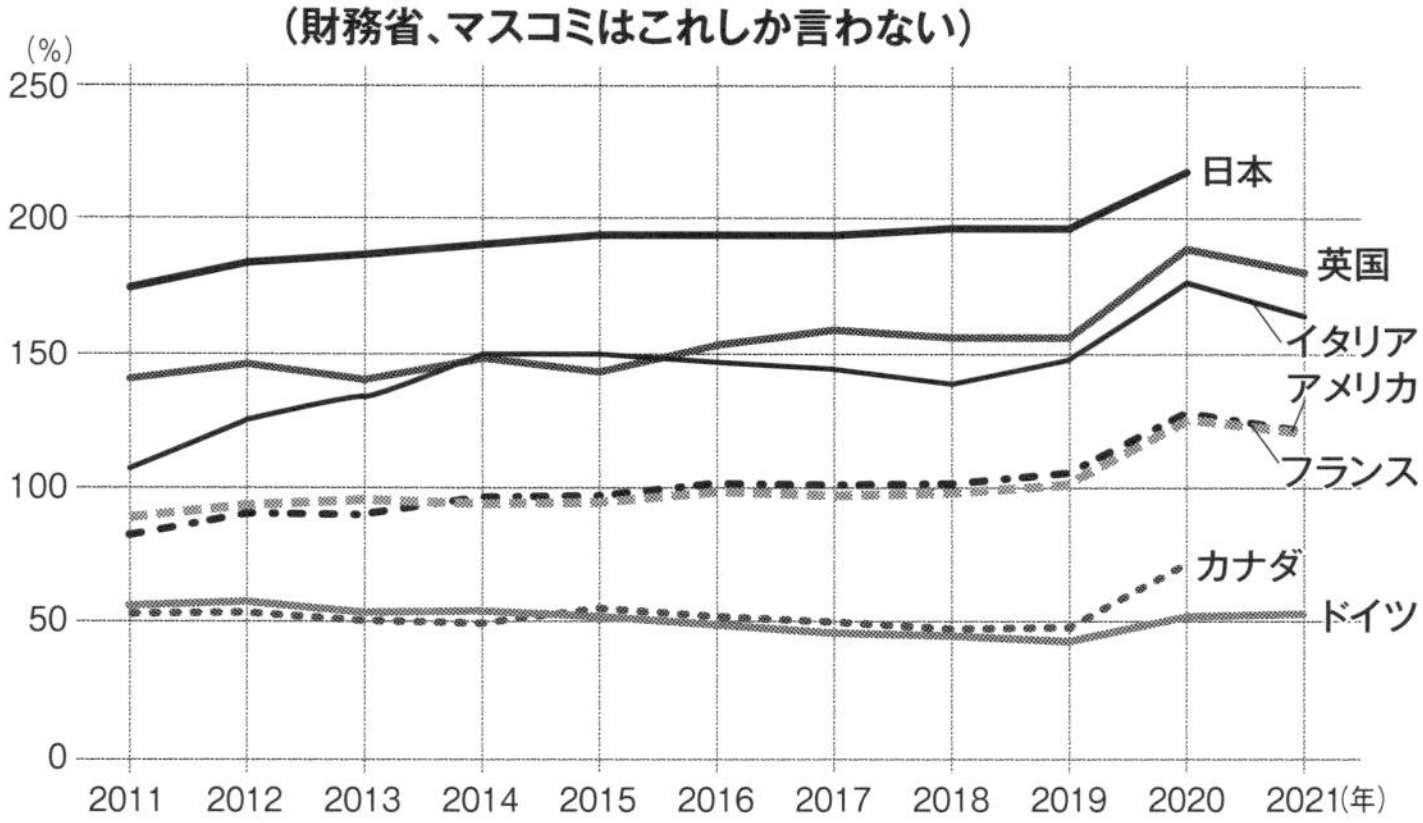

（資料）IMF：Public Sector Balance Sheet Database

《統合政府のネット資産（対GDP比）の推移》

統合政府で見ると、日本は2番目に健全

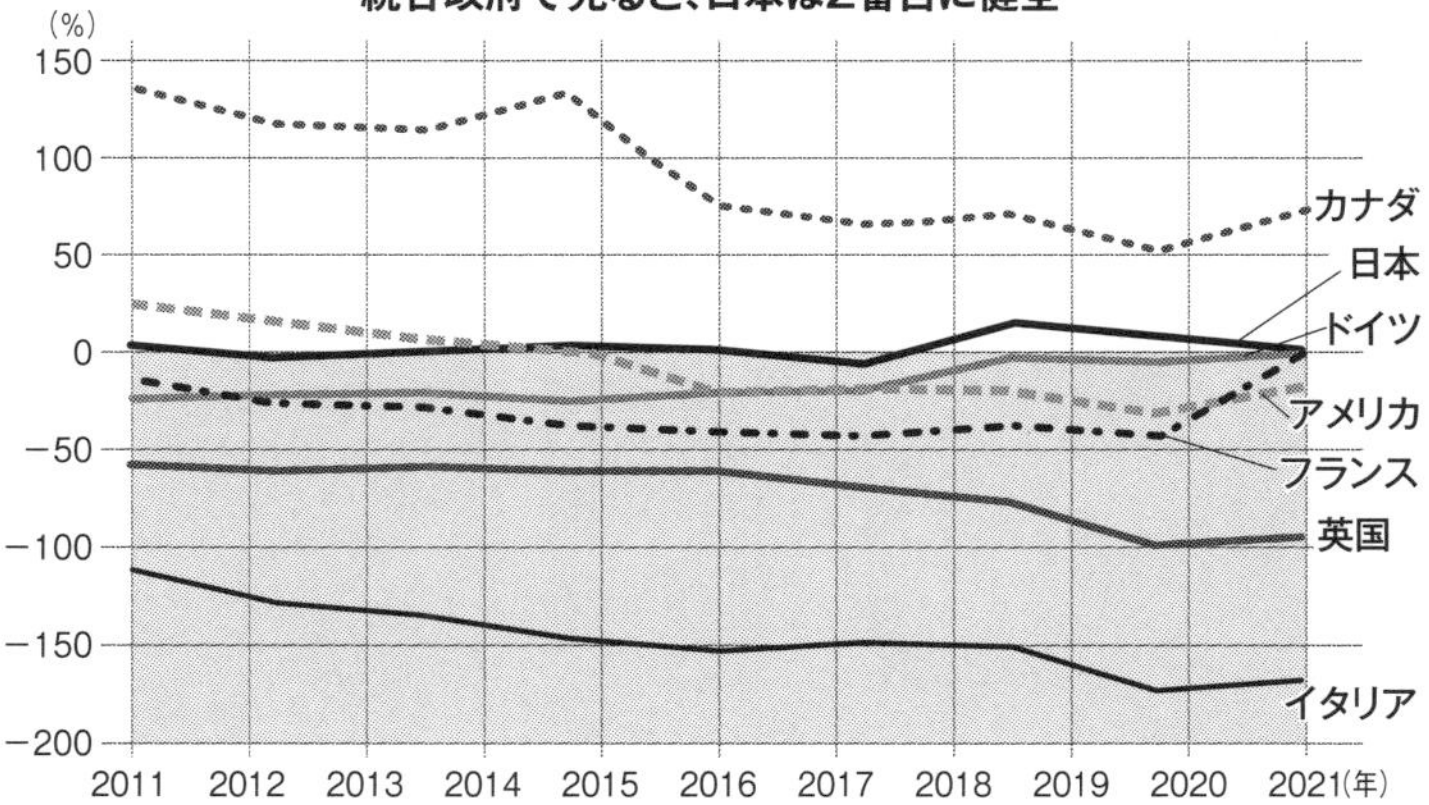

（資料）IMF：Public Sector Balance Sheet Database

しかも、統合政府のネット資産（対ＧＤＰ）は、真の財政の健全度を表すＣＤＳレート（国債の破綻可能性を示す、次ページグラフ）とも整合性が取れている。財務省が盛んにアピールする狭義政府のネット資産（対ＧＤＰ比）と連動する現行ＰＢは、財政政策の正しい方向に向かっていない。

●成長率と金利の関係

以上は、現行ＰＢの本質的な欠陥であるが、さらに技術的なものもある。「現行ＰＢを赤字にしない」こととは、上述のように、一定の条件下で（ネット）債務残高対ＧＤＰ比を増加させないという意味だ。

しかし、金利と成長率の関係によっては、ＰＢを均衡化させても、（ネット）債務残高対ＧＤＰ比が変動しうる。つまり、金利＞成長率ならば、ＰＢが均衡化しても（ネット）債務残高対ＧＤＰ比は増加するので、必要なＰＢ黒字はさらに大きくする必要がある。

この点について、財務省は２００５年当時、金利＞成長率と断定し、必要なＰＢ対ＧＤＰ比黒字化目標を２％と主張したこともある。それが、有名な経済財政諮問会議における「金利・成長率論争」だ。

《各国統合政府のネット資産（対GDP）と
CDSレートの関係（直近）》

日本国債の破綻可能性も2位と低い！

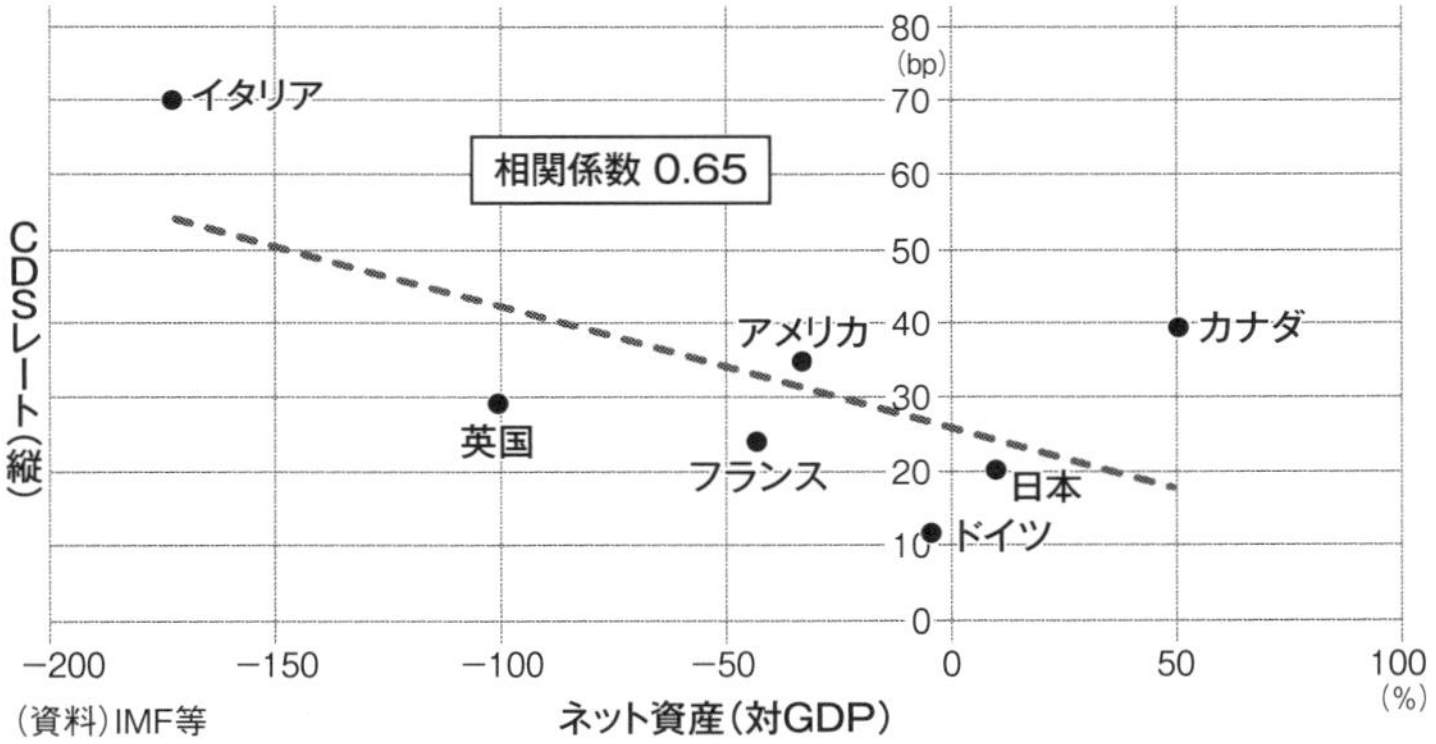

筆者は、その財務省の主張を破るために、ＯＥＣＤ諸国のデータを提出し、結果として当時の小泉首相が「金利と成長率の関係を決め打ちするな」と断った。

筆者は、その10年後の２０１４年に２００５年当時のデータをアップデートし、「２０００年代以降のＯＥＣＤ諸国で年次の長期金利と成長率を４１９のケースについて、国の数でみると、長期金利が成長率を上回ったのは１９２（46％）、一方で長期金利が成長率を下回ったのは２２７（54％）となっている」と書いた。

今回はさらにアップデートし、

「１９７０年代以降のＯＥＣＤ諸国で年次の長期金利と成長率を１２２８のケースについ

《OECD諸国における「成長率ー金利」の分布（1970~2022）》

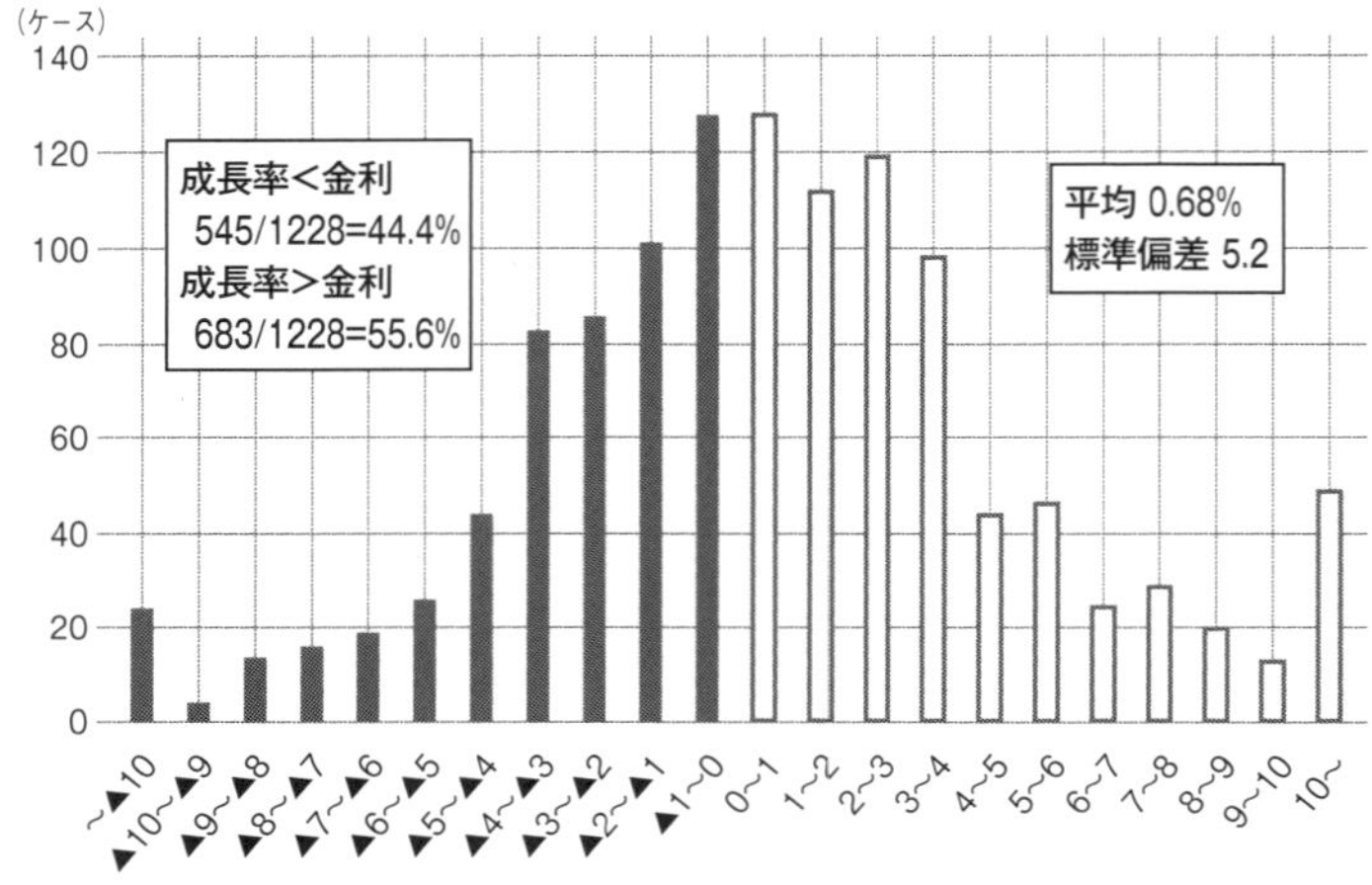

（資料）OECD

て、国の数でみると、長期金利が成長率を上回ったのは５４５（44％）、一方で長期金利が成長率を下回ったのは６８３（56％）となっている」（上図）としたい。

実は、著名な経済学者であるブランチャードが、２０１９年に“Public Debt and Low Interest Rates,”American Economic Review,109(4) を出し、「成長率が金利より高いのが常態である」と主張していたので気になっていた。

筆者が確認したこれだけの大量データから言えることは、財務省の「金利＞成長率が当然」は酷いが、ブランチャードの「成長率＞金利が常態化」もちょっと言い過ぎで、成長率＞金利はそう異例でないが、最近はちょっとその確率が高くなった程度といえるだろう。

これを踏まえれば、かつて財務省が主張したのと逆に、成長率＞金利のときには、一定のPB赤字（例えば、GDP比１％程度）でも許容できるとなるだろう。

さて財務省はどう反論するだろうか。

心もとない能登半島地震の復興・復旧予算

能登半島地震の復興・復旧予算はどのように調達できるのか。２０１１年の東日本大震災のときのような増税につながる動きはないだろうか。

1月4日に岸田文雄首相が「予備費で40億円出す」と言ったら、かつて東日本大震災を経験した野党の関係者から「少なすぎる」という批判が出た。これには筆者も驚いた。実務をやっていればすぐわかることだが、とりあえずの財政支出であり、全体の復興予算ではない。当初段階では人命救出が最優先であるため、被害の全容を把握できない。そして被害の全容がわかるのは当分先なので、現段階では復興予算を正確に見積もることはできない。

気象庁の震度データベースで１９１９年以降、震度7を記録したものを調べると、１９２３年９月１日の関東大震災、95年１月17日の阪神淡路大震災、２００４年10月23日の新潟県中越地震、11年３月11日の東日本大震災、16年４月14、16日の熊本地震、18年９月６日の北海道胆振《いぶり》東部地震があり、今回の能登半島地震はこれらと並ぶ大きな地震だ。阪神淡路大震災と東日本大震災の被害は別格であるが、今回の能登半島地震は熊本地震クラスだろう。

熊本地震からの復興・復旧で国の予算としては、16年5月の1次補正で７７８０億円、8月の2次補正で４１３９億円（ただし予備費減額４１００億円）、12月の３次補正で４６４億円（ただし予備費減額５００億円）が計上されている。今回もおそらく数千億円程度だろう。

地震災害では、災害復旧事業として国の予備費が使われる。災害復旧事業とは、災害で壊れた道路や河川などの公共土木施設を復旧することだ。この作業は以下のように、国ではなく、まず都道府県で行われる。

震度7を記録した震災と復興・復旧予算

震災	補正予算
1995年 **阪神淡路大震災** 1月17日	２月　1兆233億円
2004年 **新潟県中越地震** 10月23日	12月　1兆3618億円
2011年 **東日本大震災** 3月11日	５月　4兆153億円（1次補正） ７月（2次補正）、11月（3次補正） ※10年間の復興予算は32兆円 （うち12.4兆円は復興増税による）
2016年 **熊本地震** 4月14日、16日	５月　7780億円（1次補正） ８月　4139億円（2次補正） （予備費減額4100億円） 12月　464億円（3次補正） （予備費減額500億円）
2018年 **北海道胆振東部地震** 9月6日	10月　9356億円 （うち地震対応は1188億円）
2024年 **能登半島地震** 1月1日	補正予算なし。 予備費より数千億円程度？

都道府県土木事務所の職員が現地に行き、また市町や地元の代表者などから報告された被害を確認する。市町の管理する道路や河川の被害については、それを管理している市町の職員が確認する。

次にその被災した場所をどのように復旧するか、復旧にはどれくらいのカネが必要かを計算する。災害復旧事業は基本的に国の負担により行うものであるので、国に申請する。

地方自治体からの申請に対して、国の査定が行われる。査定は、国の防災関係の職員と予算関係の職員が一緒になって現地に行き、被害の状況や復旧の方法、復旧に必要な予算などを確認し行われる。地方自治体職員はそのときに被災した原因や復旧する方法を決めた理由などを説明する。その確認の結果、復旧方法（工法）や復旧費用がおおむね決まる。

熊本地震の時、こうした作業には1か月間程度かかったので、今回も同じ程度の期間を要するだろう。今年度予算の予備費はまだ4600億円残っているし、来年度予算の予備費も5000億円あるので、それで対応可能だ。しかし、それでは別の自然災害に対応できなくなるので、過去の例のように今年度補正を行うべきだ。いずれにしても最近の税収増もあり、復興増税が出てくる余地はまったくない。

東日本大震災から13年の教訓
公共事業費の備えは十分か

3月11日で東日本大震災から13年となる。1月には能登半島地震も発生したが、災害の教訓は生かされているのか。災害対策は改善しているのか。

1919年以降、震度7クラスを記録したものを調べると、23年9月1日の関東大震災（当時首相は不在）、95年1月17日の阪神淡路大震災（村山富市首相）、2004年10月23日の新潟県中越地震（小泉純一郎首相）、11年3月11日の東日本大震災（菅直人首相）、16年4月14、16日の熊本地震（安倍晋三首相）、18年9月6日の北海道胆振東部地震（同）がある。

1995年の阪神淡路大震災以降、やや頻繁に大震災が起きている。その間隔も、9年10か月、6年5か月、5年1か月、2年5か月、5年4か月と、数年に一度の頻度で日本のどこかで発生していることになる。

阪神淡路大震災では、自衛隊出動要請で手間取ったが、今では一定の震度以上の震災になると、半ば自動的に自衛隊が出動するようになっている。今回の能登半島地震でも自衛隊の出動は迅速だった。

自然災害は「忘れたころにやってくる」といわれるが、最近の震災の頻度をみると、「まだ覚えているうちにやってくる」かのようだ。

近未来に予測される自然災害として首都直下地震と南海トラフ巨大地震がある。政府は、首都直下地震と南海トラフ巨大地震それぞれについて、今後30年以内に起こる確率は80％、

70％程度と見込んでいる。それぞれの被害額について、１００兆円、２００兆円以上になるとしている。ただし、この被害額については、道路や建物など建築物を中心としており、その建築物が壊れて以降の企業の生産活動や個人消費が長期的に低迷することは見込んでいない。それらを含めると、政府想定の被害額の６倍以上になるという民間団体の試算もある。

●G7で日本だけ異様――間違った財政抑制策が原因だ

しかし、備えは心もとない。備えのための公共事業関係予算を見てみよう。当初予算のピークは１９９７年度の９・８兆円、補正予算後のピークは98年度の14・９兆円だ。その後減少を続けて、当初予算のボトムは２０１２年度の４・６兆円、補正予算後のボトムは11年度の５・３兆円だった。その後、増加したものの、23年度の当初予算が６・１兆円、補正予算後が８・３兆円にとどまっている。

先進7カ国（G7）で公共投資の推移をみると、１９９５年を1とすれば、２０２２年で英国が４・０、カナダが３・８、米国が３・１、イタリアが２・４、ドイツが２・０、フランスが１・９だが、日本だけが０・６と減少しているという異様な姿になっている（58

ページ図参照）。

これは日本が「社会的割引率」４％という異様に高い水準と基礎的財政収支（プライマリーバランス、ＰＢ）の黒字化目標という間違った財政抑制策の結果だ。

東日本大震災対策での復興増税という愚策は、コロナ対策では繰り返されなかったが、社会的割引率４％は今でも見直されていない。さらに、今回、災害復旧費が補正予算で計上されない異例の事態となった。これでは災害対策はままならない。

防衛費、43兆円から「さらなる増額」の罠

２０２３年度から27年度までの防衛費を43兆円とする計画について、防衛省有識者会議はさらなる増額を提起した（２０２４年２月19日）。

今の43兆円の経緯を振り返っておこう。22年７月の参院選の前、従来の北朝鮮の脅威に加え、中国とロシアの脅威が明らかになると、安倍晋三元首相が主導し、防衛予算の増額が必要だとぶち上げたことが発端だ。

安倍元首相が暗殺された後、財務省は防衛費増額の動きに危機感を持ち、官邸で有識者

会議を立ち上げた。その有識者は経済の専門家が中心で、防衛費抑制の意図が丸出しだった。その後、財務省のペースで「防衛増税」を含む43兆円の枠組みが決められた。

それに基づく防衛財源確保法案の国会審議で、23年4月28日、筆者は衆院財務金融委員会と安全保障委員会の連合審査会において参考人として意見陳述する機会があった。

その際、筆者の考え得る4つの財源（「建設国債数兆円程度」「国債整理基金16兆円程度」「外国為替資金特別会計30兆円程度」「防衛版ふるさと納税数千億円」）があることを述べた。これらの財源を活用すれば、防衛増税は回避できるとも指摘した。

なお、筆者以外の参考人は、神保謙慶大教授、高見沢将林東大客員教授、香田洋二元海上自衛隊自衛艦隊司令官だった。

●防衛増税を回避する4つの案

筆者の具体的な主張は以下の通りだ。

・**「建設国債数兆円程度」**……「建設国債」は海上保安庁にならって海関係を対象としたのはいいが、陸と空が対象になっていない。（陸と空でも建設国債の対象にする）

・**「国債整理基金16兆円程度」**……債務償還費は諸外国で行っていないので（33ページも

参照）、これを防衛基金に繰り入れることは可能だ。実施すれば国債で基金を賄うことになり、ドイツなどの例のように国際標準になる。

・**「外国為替資金特別会計30兆円程度」**……変動相場制の日本では外貨準備が大きすぎるので、他の先進国並みにすれば、財源が捻出できる。（49ページも参照）

・**「防衛版ふるさと納税数千億円」**……ふるさと納税は予算外であるが、税法によるので議会統制、民主主義の観点から優れている。

この考え方は今も変わらない。当初の構想段階より円安になっており、必要な防衛力を確保するためにはさらなる増額は不可避であるが、4つの財源を組み合わせれば、増額は容易だ。

冒頭の防衛省の有識者会議は、為替動向をふくめ最近の国際環境の急変を考えれば、43兆円では足りないという現場からの訴えだろう。**筆者が例示した財源を使えば、防衛増税なしで50兆円程度の増額に対応できる。**

昨年の国会参考人質疑では、筆者を含む全員が防衛力強化には賛同していたが、筆者以外は防衛増税にも賛成していた。

筆者が防衛増税に反対なのは、ほかに財源があるからだが、財源のめどがないまま防衛費増額を主張すると、防衛増税につながることには留意すべきだ。

はたして防衛省有識者会議が財源までしっかり議論できるのかどうか。財源を掲げることができないと、単に防衛増税のサポートをするだけになってしまうので、今後の防衛省有識者会議の議論を注視したい。

岸田政権に罪滅ぼしの「定額減税12万円」のススメ

●庶民に厳しく、政治家に甘い宰相

すでに6月に定額減税は実施されたが、5月末のABC「正義のミカタ」で「減税は去年12月にやるべき。そのミスの罪滅ぼしなら、額は3倍必要」とコメントした。

政治資金は「非課税かつ領収書なし」なのに、定額減税は給与明細に減税額を明記することが義務付けられた。民間ではインボイスでも1円もきっちり書くし、もちろん領収書なしでは経費扱いされない。かなりの事務負担になっているが、それに加えて給与明細に減税額を書けとなると、民間会社の給与担当者はかなり頭に来るだろう。

政治家と民間との格差は、なぜこんなに大きいのか。

政治資金が非課税とは、正確に言えば政治団体が政治活動に使用する資金が非課税ということだ。政治家個人では政治活動に関して受けた政治資金については、雑所得となり、他の所得と合算して課税対象になる。

ただし、この雑所得の計算では、政治活動のために支出した経費は控除する。もっとも、このあたりは、民間企業は領収証がないと経費にならないが、政治家では政治資金で領収書なしでも構わないとされ、それほど厳格に経費認定されていないようだ。

こうした政治と民間の格差も腹立たしい。

さらに、「子ども子育て支援金」（詳細は後述）については、税金ではないという立て付けにより、しれっと徴収されるが、定額減税では給与明細に明記されるというのも、合点がいかない。

いずれにしても、今回定額減税について減税額を給与明細に明記しなければならないが、その義務の根拠は何か。給与明細を従業員に交付しなければならないというのは所得税法231条に規定されているが、その中身は財務省令である所得税施行規則だ。

その財務省令はこの３月31日に出された。さすがに、財務省令は国会ではなく財務省だけの判断だけで発出できるので、林芳正官房長官も「お願いしている」体で低姿勢だ。

しかし、もし総選挙があれば、ということで仕組まれた減税であるのはミエミエで、事務負担を課した上に国民をいらだたせている。

もっとも、ここではこうした恨み節に尽くすではなく、政策論を提示したい。

筆者は、今回の定額減税について、決定された23年10月の段階で、「規模が小さく、遅い」と断じ、昨年12月に実施すべきとしていた。これはコラムに書いている。

その当時から、今通常国会の解散・総選挙があり得るので、昨年12月に実施すべきものを、政治的理由で今年6月に後回しするとも噂されていた。

●昨年末に定額減税しておけば……

結論を先に言えば、筆者としては、昨年12月に定額減税しておけば、2024年1－3月期のGDP速報で、民間消費を含む民間経済需要が総崩れになり、全体でも前期比年率2・0％減という惨めな数字にならなかったと思っている。政策タイミングにおいて完全な失敗である。

2024年1－3月期GDPを見てみよう。5月16日に公表された一次速報では2四半期ぶりのマイナス成長となった。ダイハツの認証不正の影響もあるとされているが、マイナス成長は一時的にとどまるのか、どのような経済政策が必要とされるのか。

1－3月期実質GDP（年率換算）は▲2・0％。その内訳は民間消費▲2・7％、住宅投資▲9・8％、設備投資▲3・2％、政府消費0・8％、公共投資13・1％、輸出▲18・7％、輸入▲12・8％だった。

民間の予測値を下回る低調な数字だった。政府部門を除くと、民間経済は全滅に近い状況だ。特にGDPの半分以上を占める個人消費は酷く、前期比0・7％減で4四半期連続のマイナスだった。4四半期連続での減少はリーマンショックに見舞われた2009年1－3月期以来で15年ぶりとなる。

こうした状況だったから、筆者は、上述の通り昨年11月に景気対策をしたのに、目玉であったはずの所得税減税を昨年年末にやらずに、今年6月に後回ししたことを批判していた。

タラレバであるが、昨年年末に所得税を減税しておけば、ここまで消費の落ち込みはなかっただろう。経済政策はタイミングが命である。いいタイミングを逃すと、効くものも効かなくなってしまう。今さらながら、岸田政権が景気対策に本気でなかったことが残念だ。

ダイハツの認証不正による生産停止という特殊要因もあり、2次速報で上方修正される可能性もあるものの、予想以上の景気低迷だ。

●タイミングを失したツケ

特殊要因と言えば、元日の能登半島震災もあったが、再三指摘したように災害復旧費の補正予算がなかったことも痛かった。震度7クラスの震災では、これまで例外なく補正予算が震災後1か月程度で組まれてきており景気の下支えに貢献してきたが、今回は補正予算がなかった。

予備費による財政支出はあるものの、予備費は各省管理簿などで事後承認手続きがあるために、補正予算でまとまった歳出権をとる方法に比べて財政支出が抑えられる傾向は否めない。これも今回のGDP速報に影響しているのではないか。能登半島では、いまだにガレキが片付かず復旧・復興が順調とはいえない。

財務省はどうみているのか。4月9日、財政制度等審議会（財務相の諮問機関）の分科会を開き、能登半島地震の被災地の復旧・復興について、将来の需要減少や維持管理コストも念頭に置き、住民の意向を踏まえ検討が必要としている。これは震災復興についてコスト論を持ち出したのかと、元財務官僚の筆者は呆れてしまった。能登半島のような過疎地では、復興のための財政支出を無駄と財政当局は認識しているのではないかと邪推してしまいそうだ。

能登半島地震の火災で焼失した「輪島朝市」周辺（2024年６月30日撮影）

経済政策としてみれば、定額減税は前述のように、本来であれば昨年12月にやるべき対策だ。

１年前の２０２３年４－６月期には、筆者試算によるＧＤＰギャップは10兆円程度であった。なお、筆者の試算は、失業率が最低水準になるまでの必要な有効需要を算出しているので、内閣府発表のものよりＧＤＰ２％程度厳しめだ。いずれにしても、今回の景気低迷でそれが20兆円程度まで拡大してしまった。

経済政策はタイミングが命である。いいタイミングを逃すと、ＧＤＰギャップが拡大し効くものも効かなくなってしまう。テレビ番組でも言ったが、傷口が小さいうちに手当てすれば良かったものの、やらなかったので、傷口がパクッと大きくなって、その手当てには余計に大掛かりな措置が必要になるのだ。

今回の定額減税が生み出す有効需要はせいぜい5兆円程度だ。今のGDPギャップ20兆円から見たら力不足と言わざるを得ない。要するに、タイミングを失したので、効果も少なくなってしまったのだ。しかも、効果が少なくなったのに、岸田首相は恩恵を感じろといい、給与明細をみろと、言わんばかりだ。

タイミングを失したツケを挽回するには、現在のGDPギャップなどから考えると、4万円の定額減税を12万円程度にする必要がある。そうであれば、多くの国民は恩恵を感じるはずだ。経済政策としては、追加経済対策として補正予算を打ち、今回の4万円のほかに、罪滅ぼしの「追加定額減税8万円」を実施してみたらどうだろうか。

第3章

間違い続ける財務省と日銀

「金利のある世界」の本末転倒
利上げならGDP減らしデフレに逆戻りも

昨年末から2024年にかけて、日銀の金融緩和政策の修正を視野に入れ、「金利のある世界」という表現が目につくようになった。所得の増加や金利収入で家計に6兆円程度の恩恵が見込まれるという分析や報道もあるが、2024年初頭の経済状況で「金利のある世界」になった場合、何が起きるだろうか。

もちろん、通常の世界では「金利がある」のが普通だ。理論的には、国債金利は経済成長率より高い。もし長期的に国債金利のほうが低ければ、政府は国債をどんどん発行して投資をしても金利で困ることはないからだ。そういう都合のいい話はないので、長期的には国債金利は経済成長率を上回るわけだ。

過去のデータでみると、国債金利は経済成長率と同程度か若干高いことが多い。その意味で、今は国債金利が経済成長率より低いので、政府にとって絶好の投資機会である。

民間金利は理論的には国債金利よりさらに高いので、やはり経済成長率よりかなり高くなる。よって今の金利環境は歴史的にみてもまれな状況だといえる。

今の日本の経済状況を、潜在国内総生産（ＧＤＰ）と実際のＧＤＰの差である「ＧＤＰギャップ」を通じてみてみよう。内閣府が公表しているもので３兆円程度だ。もっとも、内閣府は潜在成長率の天井を筆者の推計より10兆〜15兆円程度低く見積もっているので、実際のＧＤＰギャップは15兆円程度だろう（２０２４年１月時点）。

これではまだ需要不足の業界もある。そのため、原材料・エネルギー価格が上昇しても十分に転嫁できず、インフレ率が高騰するような状況ではない。それは、インフレ率がインフレ目標から逸脱していないことからもわかる。

この状況で万が一、利上げしたら、設備投資などの需要が落ち込み、ＧＤＰギャップはさらに拡大する。ＧＤＰギャップが拡大すると、半年後くらいに失業率が高くなるだろう。と同時に、インフレ率は下がり、下手をするとデフレに逆戻りになる。また、利上げは円高要因になるが、それはＧＤＰを減少させ、雇用も失うことになる。

これはＯＥＣＤ（経済協力開発機構）の計量モデルでも確認できる。日本が金利を１％上昇させると、１〜３年間でＧＤＰが０・２％低下、インフレ率も０・１％程度低下する。

日本の内閣府の計量モデル（2018年度版）では、短期金利を1％上昇させると、1～3年間でGDPは0・12～0・23％低下、消費者物価は0・02～0・06％低下、失業率は0・01～0・03％上昇と試算される。なお、GDPギャップは0・11～0・17％拡大する。

実際、利上げが経済にマイナスとなることは簡単に説明できる。

世の中には「お金をただ持っている人」と「お金を借りてまで事業を興そうとする人」がいるが、前者より後者のほうが経済成長にはパワーがあるので、金利を安くしたほうが、経済は成長するからだ。

「金利のある世界」という言葉は、金融機関の収益確保のために使われている。この絶好の投資機会を生かして投資するのではなく、金利のほうを引き上げるというもので、これは本末転倒であり、急《せ》いては事をし損じる。

マイナス金利解除は「完全にタイミングを間違えた」

●3月に日銀は利上げに踏み切った

日銀は２０２４年3月19日、マイナス金利を解除した。今回の政策決定を受けて、決定に至った背景、過去の引き締め局面で何が起きたか、今回の経済への影響はどうか。それぞれ見ていこう。

３月19日に公表された日銀の「金融政策の枠組みの見直しについて」をみると、冒頭に「2％の『物価安定の目標』が持続的・安定的に実現していくことが見通せる状況に至ったと判断した」とし、「これまでの『長短金利操作付き量的・質的金融緩和』の枠組みおよびマイナス金利政策は、その役割を果たした」とし、「短期金利の操作を主たる政策手段」としたとある。

具体的には、短期金利は、現行の▲0・1〜0％から、0〜0・1％と利上げ、長期金利はこれまで上限1％の目途があったがそれが撤廃されるという。つまるところ「利上げ、金融引き締め」だ。

筆者は、この冒頭を読んでダメだと思った。今後、物価が目標の2％から大きく逸脱するおそれがあるから、利上げするのであれば理解できる。しかし、今のインフレ目標が維持されるのであれば、今の政策が継続されるべきだ。

要するに、金融政策の観点からいえば、落第だ。2％のインフレ目標は、インフレ率が2％を超えたら、すぐに引き締めになるのではない。実際、欧米でも、インフレ率が5％程度までは金融引き締めを行わなかった。これは、繰り返し紹介している「ビハインド・ザ・カーブ」といい、物価の動きに遅れて金融政策を行う鉄則だ。

日本のマスコミは、「ビハインド・ザ・カーブ」を後手に回るとか考えているようだが、いろいろなデータがあるときに、政策を確実に行うために各種のデータが出そろうまで見極めて、正しい選択を行うという意味だ。この反対の言葉として、「アヘッド・オブ・ザ・カーブ」(ahead of the curve)があり、これを「先手を打つ」というが、金融政策の場合には見切り発車であり、正しくない選択だ。

《フィリップス曲線／インフレ率と失業率の関係》

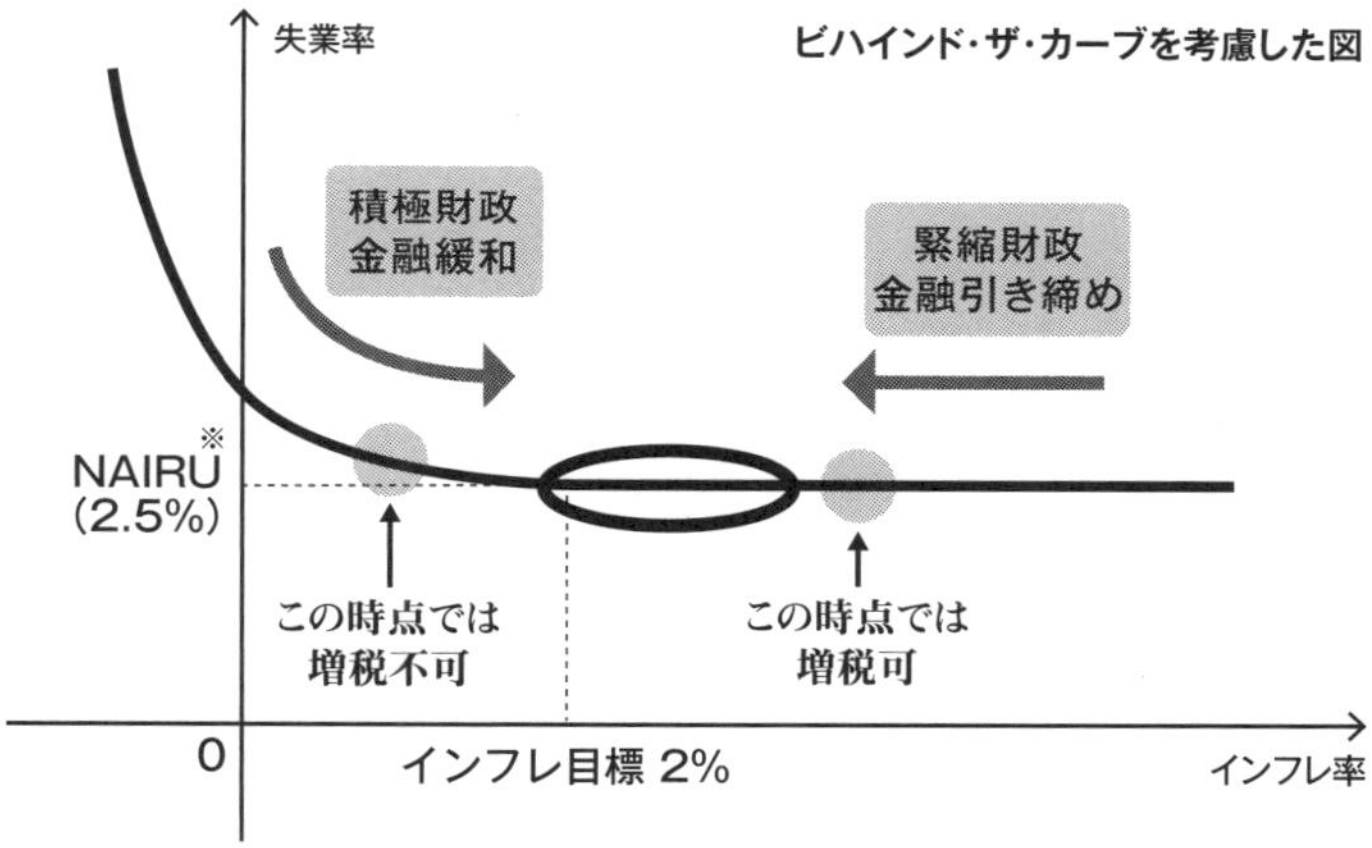

※NAIRUとは、インフレ率を上昇させない失業率

●なぜ今引き締めなのか

米国のインフレ目標は、コア個人消費支出価格指数（対前年同月比）でみているが、金融引き締めを開始した２０２２年３月のコアは５・４％。金融引き締めにより、その後一時上がったがすぐにピークアウトし、低下に転じて11月のコアは３・２％になっている。

この動きは、まさに金融引き締めは遅れて行う「ビハインド・ザ・カーブ」だ。

つまり、２％を超えたらすぐ金融引き締めでも構わないと思っているのは大きな間違いだ。そもそも、金融正常化なんてスローガンで金融政策を行うのは筋違いであって、金融政策はインフレ率（それと裏腹の失業率）との関係で動かすか動かさないかでしか、意味がない。

なお、3月22日に公表された消費者物価指数（前年同月比、生鮮食品を除く）は2・8%だった。しかし、1月24日に日銀より公表された「経済・物価情勢の展望」では、消費者物価指数（除く生鮮食品）の対前年度比について、政策委員の見通しは、2023年度2・8〜2・9、2024年度2・2〜2・5、2025年度1・6〜1・9と、インフレ目標の範囲内といってもいい。消費者物価指数（除く生鮮食品・エネルギー）でみても、2023年度3・7〜3・9、2024年度1・6〜2・1、2025年度1・8〜2・0と物価高騰の問題は見えない。

こうした状況でなぜ金融引き締めを行うのかは、インフレ目標の観点からはまったく理解できない。

●日銀のやりたい放題

なお、元日銀副総裁の岩田規久男氏も、「どうして日銀は焦って決めた?」といい、前日銀審議委員の片岡剛士氏も「『なぜ今か』という疑問について説明がある内容ではない」としている。

日銀は過去にもデフレターゲットではないかと言われたことがある。黒田東彦日銀総裁の前の白川方明日銀総裁時代であるが、インフレ率が0％を超えたら金融引き締めを行ったこともある。今回は2％を超えたらすぐ引き締めだ。

金融政策は、広範に影響が及ぶ。短期金利の引き上げは、企業の運転資金の金利、個人の変動住宅ローン金利に影響が及びうる。詳しくいうと、直ちに変動住宅ローン金利には影響が出ないように工夫もされているが、いずれ上がることになるだろう。長期金利も企業の設備投資資金の金利にも影響が出るだろう。

今の日銀当座預金のマイナス金利は三層構造で、昨年末の当座預金残高518兆円のうち、0・1％のプラス金利が適用されているのは206兆円、ゼロ金利は284兆円、マイナス0・1％の適用は28兆円だ。マイナス金利が解除されると、三層構造が二層構造となり、この28兆円は金融機関へのギフトになる。

さらに不味いのは、今回の利上げが、岸田政権が政治とカネで機能不全になっている状態で行われたことだ。また、黒田日銀時代にはあり得ない「情報リーク」があった。インサイダー取引的なモノを誘発するから日銀内のブラックアウト・ルールで禁止されているはずだが、一部金融業界への利益誘導があったといわざるを得ない。この利益誘導は、日銀官僚の金融機関への天下りに少なからぬ関係がある。

いずれにしても、親会社の政府が情けないので、子会社の日銀はやりたい放題だ。今のところ日銀は低姿勢かもしれないが、今後は暴走する可能性もある。

動かなかったFRB、利上げ急いだ日銀と対照的

米連邦準備制度理事会（FRB）は3月20日の連邦公開市場委員会（FOMC）で、政策金利のフェデラルファンズ・レート（FFレート）について、現行の5・25～5・50％を維持すると発表した。

今回のFOMCによれば、2024年末のFFレートの見通しは昨年12月と同じ4・6％（FOMCメンバーの意見の中央値。以下同じ）。1回当たり0・25％の利下げ幅とすれば、年内3回の利下げの見通しとなるわけだ。

なお25年末の見通しは3・6％で、昨年12月時点から0・3ポイント上ぶれした。26年末は2・9％で、こちらも同時点から0・2ポイント上ぶれしている。

あまりに先の話なので当面の切実感はないものの、利下げのペースは少しゆっくりとい

うメッセージだ。

ＦＯＭＣによる経済見通しでは、24年の実質経済成長率は２・１％、失業率は４・０％、インフレ率（個人消費支出デフレーター）は２・４％となっている。

昨年12月時点の見通しは成長率が１・４％、失業率が４・１％、インフレ率が２・４％だったので、米国経済は引き続き力強い動きだ。なお、失業率が下がらないのは、ほぼ下限近くになっているからだろう。

年内３回の利下げ見通しは変わらなかったが、話題はいつ利下げが行われるのかに集約している。ＦＲＢのパウエル議長は「データ次第」だとして言質を与えなかった。市場では、もっぱら６月に利下げという観測があるが、足もとの経済も強く、失業率も低いので、パウエル議長も難しいかじ取りとなるだろう。

米経済の足もとをみると、23年10～12月期の実質経済成長率は３・２％、24年２月の失業率が３・９％、同年１月のインフレ率が２・４％となっている。さらに３回の利下げを見込んだ上で、24年は既に述べたような経済指標になると、ＦＲＢは見ているわけだ。

率直に言えば、さらなる利下げを３回もしなくてもいいような経済見通しであるが、今年11月の大統領選挙を多少意識して、景気への配慮があるのかもしれない。そのあたりは、

「データ次第」と言い続けるパウエル議長の表向きの慎重姿勢とは裏腹に、同議長の政治センスでもある。

金融政策の観点からすると、目標である2％を少しくらい超えていても、何ら気にしていないのはいい。より重要な経済成長率と失業率がよければ、それでいいということだ。

利下げの予定も特に変更していない。ただし、経済成長率と失業率は相互関係があるから、状況に応じて失業率だけを見てもいいだろう。

もちろん「データ次第」という言い訳の余地は残しているが、良い失業率ならば政策変更をしないというのは金融政策として正しいといえる。

米国では良い失業率とインフレ率が維持できそうだ。

まだ失業率を下げる余地（経済成長率を上げる余地）があるのに、インフレ率が2％を超えたら利上げに走った日銀も、この点をよく見習ったらどうか。

利下げを始めた欧州中央銀行、ＦＲＢと同様に雇用確保重視

欧州中央銀行（ＥＣＢ）は6月6日、利下げの開始を決めた。ＦＲＢも利下げの時期が

注目されており、日銀の政策の方向性との違いが目立つ。

ＥＣＢのインフレ目標は、ＥＵ基準消費者物価指数（対前年同月比）でみて２％だ。政策金利を０・25％から０・75％へと金融引き締めを開始した２０２２年７月のインフレ率は８・９％だった。

その後、政策金利を小刻みに引き上げ、23年９月に４・75％になった。他方インフレ率は22年10月に10・６％まで上昇したが、すぐにピークアウトし、24年５月に２・６％にまで低下した。この動きは、まさに金融引き締めは遅れて行う「ビハインド・ザ・カーブ」だ。

ただし、正直にいえば、インフレ率が二桁になるまで放置せずに、６％程度まで急騰した22年初めの頃に金融引き締めを開始すべきだった。

なお、ＦＲＢのインフレ目標は、コア個人消費支出価格指数（対前年同月比）でみて２％だ。政策金利を０・25％から０・５％へと金融引き締めを開始した22年３月のインフレ率は５・４％だった。その後、政策金利を小刻みに引き上げて23年７月に５・５％にまでなった。

インフレ率は22年9月に5・5%となったがその後、低下に転じて24年4月は2・8%だった。FRBの政策対応もビハインド・ザ・カーブの典型であり、タイミングも問題ない。

ECBは、今後インフレ率が上がるとみているか、それとも下がるとみているか。上がるとしても失業率の低下の余地はほとんどない。というのは、今年4月の失業率は過去最低水準となっている。一方、下がるとすれば、失業率が高くなる可能性がある。となれば、雇用確保の観点から、利下げするのは中央銀行の責務として合理的であり、当然だろう。

中央銀行には2つのタイプがある。1つは雇用の確保を重視する立場で、もう1つは金融機関の経営を重視する立場だ。前者は利上げに慎重で、後者は利上げに前のめりだ。ECBは前者であることが今回明らかになった。FRBも利下げ方針を公表しているくらいなので前者だ。

一方、日銀は典型的な後者だ。インフレ率は当分の間目標の2%から大きく逸脱する環境ではないので、直ちに利上げすべきではない。

しかし、「円安悪者論」もあって、日銀の利上げへの前のめり感はなくならない。ノーベル経済学賞のポール・クルーグマン教授は、「円安は日本に有利で好機なのに何を騒いでいるのか」と冷ややかだ。これは政府とマスコミの滑稽な対応を揶揄《やゆ》したものだが、国内メディアはまともに言及できない。

最近は、新手の罠もある。筆者が円安によって外国為替資金特別会計の含み益があることを「外為埋蔵金」と言ったら、日銀が保有する上場投資信託（ＥＴＦ）の含み益を「日銀埋蔵金」として、売却を示唆する向きもある。ただし、これは金融引き締めであり、利上げになるので要注意だ。

日銀・植田総裁就任１年の評価
想定より「前のめり」だった利上げ

日銀の植田和男総裁が４月で就任して１年が経過した。想定内だった点と想定外だった点について考えてみたい。

筆者は以前のコラムで、元日銀審議委員の原田泰氏の著作を元に「植田総裁は金融機関重視のスタンスかもしれない」と書いた。これまでの記者会見を聞いても、雇用についてあまり言及しないが、金融システムの安定や金融緩和の副作用については話している。やはり雇用より金融機関重視なのかもしれないということで、想定より早く金融引き締めに入ると予想していた。

また、2023年4月28日には、日銀は1990年代後半以降続けてきた過去25年間の金融緩和策について、1年から1年半程度をかけて多角的にレビューを行うことを決めた。こうした政策レビューは、日銀だけでなく、米連邦準備制度理事会（FRB）や欧州中央銀行（ECB）も行っており、政策変更の契機になることもしばしばだ。ただし、植田総裁は、金融緩和策のレビューを実施している1年から1年半の間に政策変更が行われる可能性を問われ、「その時々に必要な政策変更は、1年半の間であっても、毎回の政策決定会合で議論して必要があれば、実行するというスタンスだ」とし、レビュー途中での政策変更はあり得るとした。植田総裁が相当「前のめり」なのがうかがえた。

インフレ率の上昇に対して利上げのタイミングを意図的に遅らせる「ビハインド・ザ・カーブ（後追い）」は世界標準の方法である。それに従えば、昨年4月から1年半後に当たる今年10月31日の「経済・物価情勢の展望」以降で政策変更だったはずだ。

多少前のめりだったとしても、１年後に当たる４月26日に出る予定の「経済・物価情勢の展望」で政策変更するのだろうと予測していた。昨年４月段階で「１年から１年半」と言ったので、１年より前にはやらないだろうと思っていたからだ。

植田総裁が前のめりだったことは想定外だった。ただし、雇用より金融機関重視というのは想定内だ。金融政策の観点では、「ビハインド・ザ・カーブ」を守っていないので、評価できる点はない。

日銀で質問を受ける植田和男総裁（2024年６月14日）

想像を超えたのは、政策決定会合前の「ブラックアウト・ルール」（会合の２営業日前から金融政策について外部に発信しないという申し合わせ）を守らなかったとみられることだ。事前報道でも日銀からの情報はダダ漏れだった。これは、金融関係者からみれば収益につながるので評価できるだろうが、ルールを守らないのはまずい。

いくら関係者とのコミュニケーションが重要だといっても、ルール違反はいけない。一説によると、日銀は政府に事前説明しており、その過程で情報漏れがあるとも言われる。中央銀行には真の意味での独立性（手段の独立性）があるのだから、事前説明は不要だ。

今後、期待したいのは植田総裁が世界の中銀総裁と会って雇用重視の「ビハインド・ザ・カーブ」に目覚めることだ。一方、懸念されるのは、相変わらず金融機関重視の金融政策をすることだ。

国債減額方針でわかる、日銀の金融引き締め前のめり姿勢

日銀は6月14日の金融政策決定会合で、国債買い入れの減額方針を決めた。次回会合で1〜2年の減額計画を決めるという。

日銀は、3月18日の決定会合で、短期のマイナス金利を解除し、短期金利とともに長期金利をある程度決めるイールドカーブ・コントロール（長短金利操作）も撤廃した。現在、短期金利について、「無担保コールレート（オーバーナイト物）を、0〜0・1％程度で

推移するよう促す」という金融政策を行っている。この意味では、長期金利については政策目標とはなっていない。

ゼロ金利になった1999年以前の金融政策では、短期金利だけを政策目標としており、長期金利は市場の実勢に委ねていた経緯がある。

ただし、長期国債およびCP（コマーシャルペーパー）・社債等の買い入れについては、今年3月の金融政策決定会合で決定された方針に沿って実施するとしており、足元の長期国債の月間買い入れ額は、6兆円程度となっている。実際の買い入れは、従来同様、ある程度の幅をもって予定額を示すこととし、市場の動向や国債需給などを踏まえて実施していくとしている。

今回、この買い入れ額を減額し、当面の予定額を定めようとしているわけだ。

以上の説明では、短期金利は政策目標であり当面変更しないが、長期金利は自由なので日銀が介入しないようにするとのことだろう。まるでマネー量と金利が切り離されて、別々に決まっているかのように説明されているが、本当だろうか。

長期国債の買い入れ額の減少は、日銀のバランスシート（貸借対照表）からみれば「資産」項目の減少であるので、同時に「負債」項目であるマネタリーベース（中央銀行が市中に供給する資金）の減少になる。これは、短期金利の上昇圧力になる。ちなみに、日銀保有の上場投資信託（ETF）に含み益があるので、これを「日銀埋蔵金」として、ETFの売却を主張する人もいるが、これも資産項目の減少であり、マネタリーベースの減少になるので要注意だ。金融引き締めのための巧妙な罠になっている。

いずれにしても日銀は、日々の資金調整を行いながら露骨に短期金利上昇にならないようにするので、すぐには短期金利上昇が顕在化するわけではないが、次の政策金利引き上げに向けての地ならしになっていると、筆者はみている。

要するに、長期国債の買い入れ額の減少は、目先の長期金利の上昇要因になるばかりか、近い将来の短期の政策金利の上昇要因にもなっている。マネー量と金利が無関係なはずはないのだ。

ここまでくると、やはり植田和男総裁体制の日銀は、金融引き締めに前のめりすぎることがわかるだろう。

金融政策は「ビハインド・ザ・カーブ」で行うべきであるので、インフレ目標が2％の場合、インフレ率が4％程度になるまで金融引き締めをしてはいけない。そうでないと、いま開きつつあるGDPギャップ（潜在的な供給力と実際の需要の差）がさらに拡大し、景気の腰を折るだろう。

マスコミが鵜呑みにし続けている、財務省の「財政が厳しい」は相変わらず大ウソだ

●相変わらずミスリーディング

財務省は、相変わらずミスリーディングとなる資料を発表し続けている。そしてマスコミは、それをそのまま鵜呑みにしたまま報じている。2024年5月10日、NHKは「〝国の借金〟 1297兆円余　8年連続で過去最大を更新　財政厳しく」と国の財政状況が一段と厳しくなっていると伝えた。

もともとの財務省の公表元データは、「国債及び借入金並びに政府保証債務現在高」と

いい、財務省のサイトにある。これを見ればわかるが、四半期ごとに公表されているもので、これについての報道も、テンプレートのように、「過去最大を更新し、財政状況は一段と厳しくなっている」というものだ。

債務残高が大きくなると財政状況が厳しいというなら、金融機関の預金残高（金融機関でみれば債務）の大きなところも財政状況が厳しいと言わなければならない。ベスト5をいえば、ゆうちょ銀行195・0兆円、三菱UFJ銀行192・3兆円、三井住友銀行149・9兆円、みずほ銀行145・2兆円、JAバンク108・6兆円だが、それでその金融機関の財政状況が厳しいなんて話はまったくない。

それもそのはず、債務が大きいことは財政状況に直結せず、バランスシートで資産との大小でみなければいけないからだ。

●財務省の誤解を招くような資料

このほかにも、財務省は相変わらず誤解を招くような資料を出している。

4月9日、財政制度等審議会財政制度分科会で出したのが次ページの資料だ。

この資料を使って、「拡大する財政出動の結果、過去20年で政府債務残高は約2倍とな

《OECD 各国の政府債務残高と実質GDP成長率》

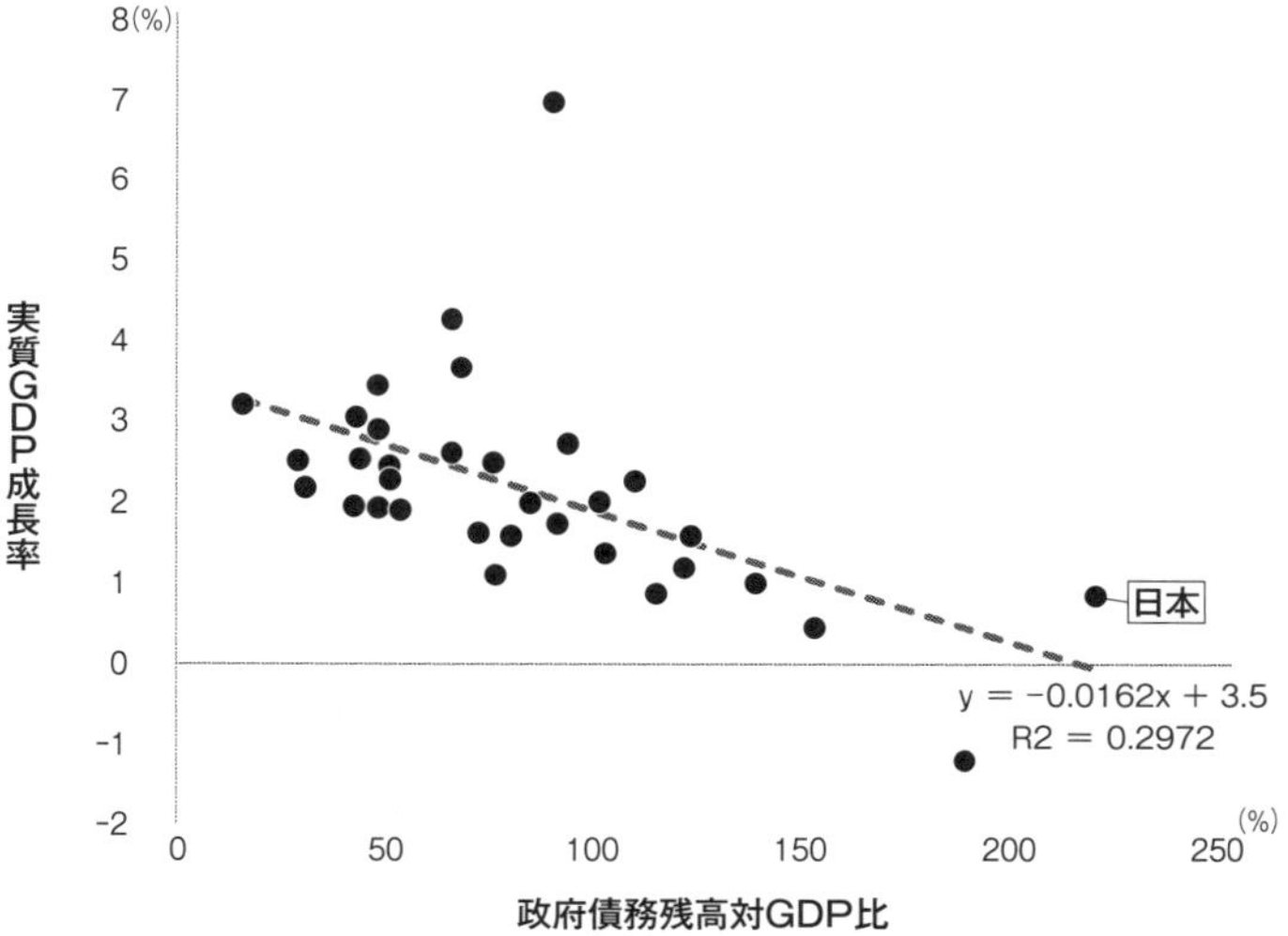

（出所 OECD）"World Economic Outlook 114"　（注）それぞれ、2010年から2022年までの平均

ったが、名目ＧＤＰはほぼ横ばい。積極的な財政運営が持続的な成長にはつながっていない面もある。先進国の債務残高（対ＧＤＰ比）と実質経済成長率の関係性を見ると、必ずしも正の相関関係は見られない。」と説明している。

この図は、財政学者であればおかしいと思う資料だ。実は、２０１０年頃、ハーバード大学の経済学者であるカーメン・ラインハート氏とケネス・ロゴフ氏が似たような資料を発表し話題になった。両氏は、『国家は破綻する――金融危機の８００年』」（原題はThis Time Is Different）で世界的に著

《OECD 統合政府のネット資産/GDP（横軸）と実質成長率（縦軸）》 （2010-2021）

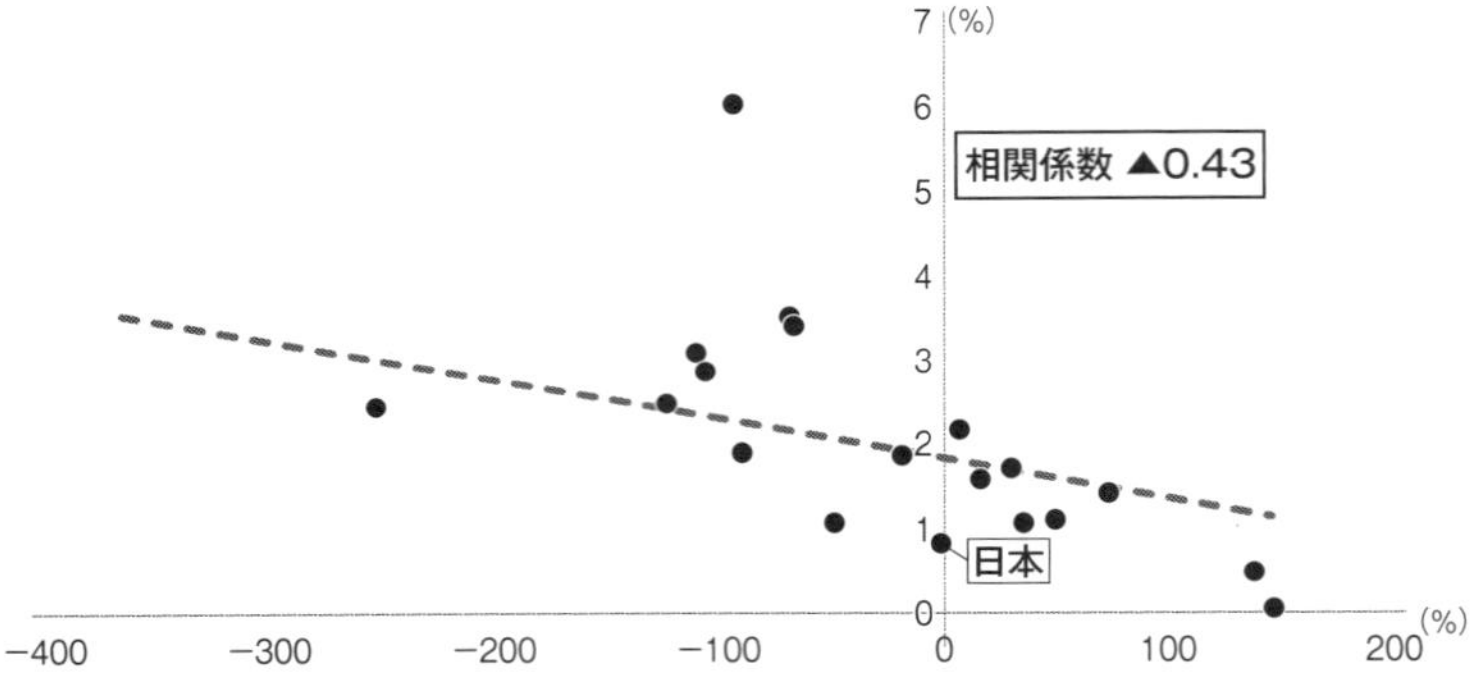

（資料）IMF Public Sector Balance Sheet の中でOECD諸国のCentral Governmetを抽出し、2010-2021年を平均。IMF World Economic Outlook からOECD諸国の実質経済成長率の2010-2021年を平均。両者データのある国のみ

名な人物である。

両氏の論文は、いろいろな国のデータを分析し、国家債務残高の対GDP比率が少なくとも90％に達すれば、GDP伸び率が減速し始めると主張していた。その研究は、公的債務削減への取り組みを正当化するため、日本、米国や欧州連合などの当局者がしばしば言及していた。

しかし、ラインハート氏とロゴフ氏の論文データには、データ処理上のミスがあった。結果として、債務残高とGDP成長率の関係を主張するのは、下火になったものだ。

今回、財務省が再びかつてのラインハート氏とロゴフ氏の論文にあった図と似たようなものを出してきたので、驚いた次第だ。

実は、筆者も、２０１０年当時ラインハート・ロゴフ論文を再現しようとして難渋し、この論文は怪しいと思っていた。要するに、日本とイタリアのデータを除くと、確たる結論が出ないのだ。

実は当時、別のアイディアもあった。読者であればご存じのように、国家債務残高ではなく、国の広い意味での統合政府でのネット債務残高でみたらどうなるか、という観点だ。しかし、その頃は先進国であっても、統合政府ベースのバランスシートデータを入手するのは困難であったので、確認することはできなかった。

しかし現在であれば、ＩＭＦのデータがそろっている。２０１８年10月のコラム**〈ＩＭＦが公表した日本の財政『衝撃レポート』の中身を分析する〉**で紹介した、ＩＭＦのPublic Sector Balance Sheet (PSBS) だ。

それを使えば、財務省が出してきたデータに容易に反論できる。

まず、債務残高だけをみるのは、会計的にみてもおかしい。

冒頭に掲げた金融機関の債務の例を見てもわかるだろう。ついでに、会計的には、単体のＢＳ（バランスシート）をみるのではなく、連結されたグループ全体でみる。それを国に当てはめれば、ＩＭＦのPublic Sector Balance Sheet、本書でいうところの「統合政府ＢＳ」というわけだ。

財務省の図のように、対象をＯＥＣＤ諸国に絞り、分析期間も同様な期間とすると、前ページのようになる。

グロス債務残高が悪くなると経済成長率が落ちるのではなく、ネット債務残高が悪くなると経済成長率が落ちる。しかし、日本はネット債務残高はそれほど悪くないので、緊縮財政する必要はないとなる。

強力な財務省やマスコミのプロパガンダ

〈債務残高が大きくなると財政状況が厳しいというなら、金融機関の預金残高の大きなところも財政状況が厳しいと言わなければならない。

……それもそのはず、債務が大きいことは財政状況に直結せず、バランスシートで資産との大小でみなければいけないからだ〉

とコラムで簡単に書いたが、あまり理解されなかったようだ。それほど、財務省やマスコミのプロパガンダが強いということだろう。

逆に、財務省の発表文について、間違った理解をもとに批判する人もいた。いずれにしても、双方ともに正しく理解できていないのは残念だ。

後者の「財務省のプロパガンダに染まっていないが、間違った理解の仕方」というのは、ＮＨＫなどマスコミの報道した「国の借金、１２９７兆円余」に反応したようだ。「借金」があるのは「国」ではなく「政府」だろう、と。

この種の言いがかりは、流石にマスコミも慣れており、報道の中身では「国債や借入金などをあわせた政府の債務、いわゆる〝国の借金〟」と書いている。正確には国ではなく政府の債務であるが、そういったところで、政府の債務が問題であるとの財務省の主張に対する反論にならない。

また「政府の負債は国民の資産なのだから、目くじらを立てるな」という意見もあった。これは、誰かの負債は誰かの資産であり、常に真実であるが、これを言ったところで何の役にも立たない。破綻企業の債務は、債権者の資産であるが、本当に破綻したら、破綻企業の負債も債権者の資産もパーになってしまう。

つまり、政府が本当に破綻するかどうかがポイントであることがわかるだろう。

●財務省が引用しない「ＩＭＦのデータ」

筆者は、政府の債務の問題を大蔵省官僚時代から手がけており、狭義の政府及び広義の政府のバランスシートを作ってから、もう30年くらいになる。政府のバランスシートを作成する前には、日本経済が不良債権問題に悩んでいたので、金融検査官「不良債権償却大魔王」として、金融機関やその取引先のバランスシートを作って「破綻認定」の実務を行った経験もある。

政府等のバランスシートを作成後、国際機関や海外政府にも出張し、公会計に基づく政府などのバランスシート作成を勧めてきた。その間、大蔵省内、国内識者（多くは大蔵省内の人に唆《そそのか》された人たち）に無理解、批判があったのは知っている。幸いにも、海外政府や国際機関ではそうした批判はなく、素直に受け入れられた。

そうしたことから、ＩＭＦは、前述のように２０１８年から諸外国の狭義の政府と広義の政府（統合政府）のバランスシートを公表しはじめた。

しかしながらいまだに、「筆者は間違っている」と言われる。ＳＮＳでは、会計士を名乗る人物からも批判を受けた。もし間違っているなら、会計の話であるので、ＩＭＦに申し入れたらいい。ＩＭＦも数年前から統合政府のバランスシートを、Public Sector Balance Sheet（PSBS）として公表しており、間違いかどうかはわかるはずだ。

財務省の発表している「国債及び借入金並びに政府保証債務現在高」は、狭義の政府の負債の一部である。会計では、広義の政府（統合政府、民間企業であればグループ連結）で見なければいけない。

財務省が引用しないＩＭＦデータから、Ｇ７諸国について、狭義の政府の債務残高対ＧＤＰ比、広義の政府（統合政府）の純資産残高対ＧＤＰ比の推移のグラフを掲載しておこう。（69ページを参照）

前者だけで判断すれば、日本はＧ７で最悪の水準にみえるが、後者を読み解けば、Ｇ７中２位の良好な財務状況だとわかる

一部の国会議員、学者やその他識者は、国内のネット空間において私を中傷するのではなく、ＩＭＦに対して英語で問うた方がいいのではないだろうか。

この30年、誤解だらけの日本の財政

●過去30年で酷かったこと

3月7日、自民党の政調会長直轄の財政政策検討本部（本部長・西田昌司参院議員、幹事長・城内実衆院議員、事務局長・中村裕之衆院議員）において、筆者は講演した。

その内容は、本書の別の項目でも触れており重複しているところもあるが、参考までに講演内容と資料を紹介しておこう。

筆者は、まず、過去30年間で酷かったことを指摘した。

(1)過去30年で酷かったこと

過去30年間の経済停滞の要因をデフレと政府の過小投資としている。デフレの要因は主に金融政策であるが、過小投資の原因は、前述のとおり政府のPB（プライマリーバランス）が不適切であったことと社会的割引率4％が過大であったこととしている。

(2)なぜ政府の過小投資となったか

《各国公的資本形成の推移》
日本の公共投資は、30年間で4割も減少している

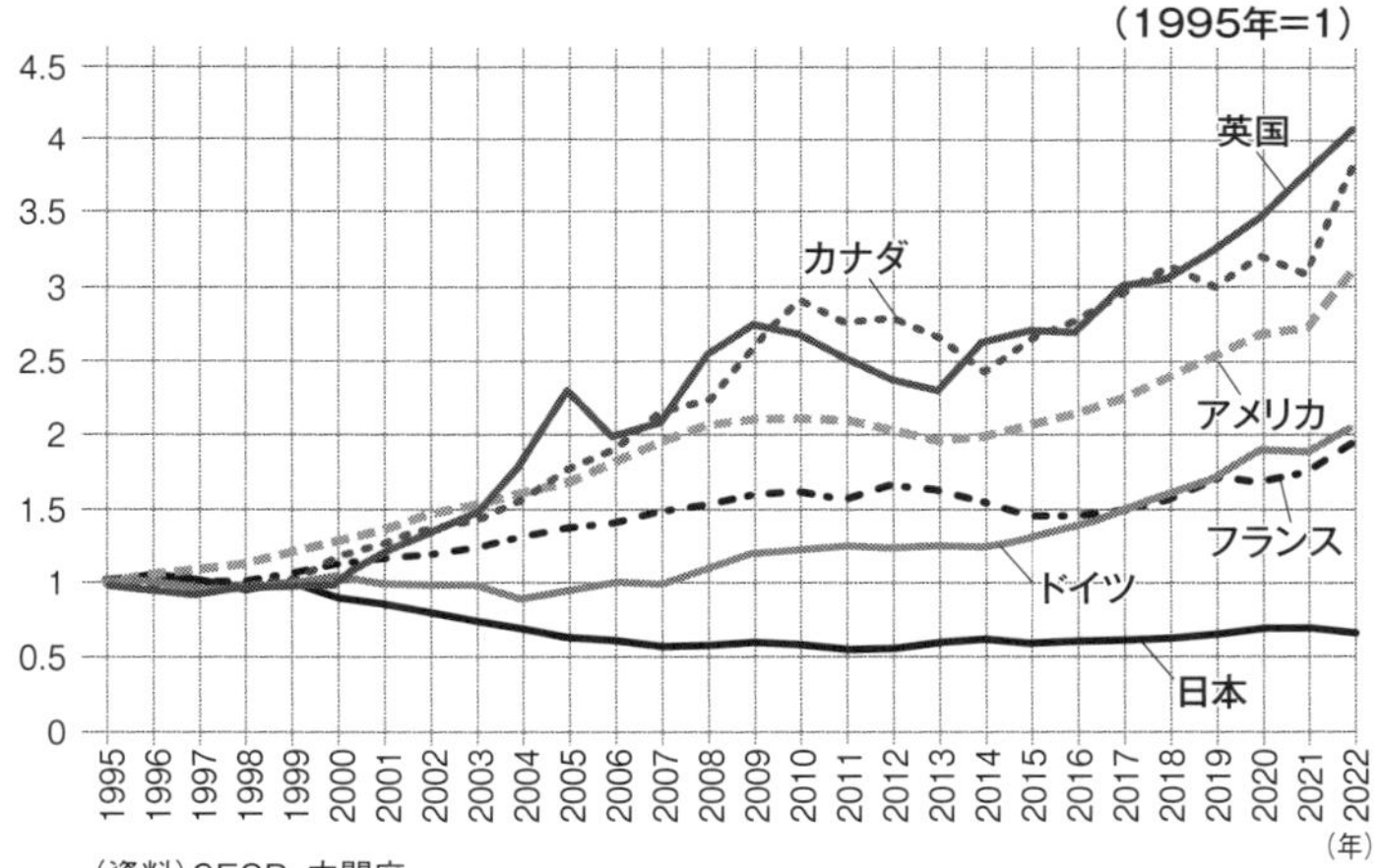

(資料)OECD、内閣府

・間違っている現行のＰＢ

財政状況は統合政府でみる。

日本での実例としては新型コロナ対策１００兆円

（Money Financing by Bernanke, 政府と日銀の連合軍　ｂｙ　安倍晋三）

統合政府を考慮していない今のＰＢは、財政健全化目標として問題あり

・間違っている社会割引率（現行４％）

(3)日本の財政事情はＧ７中２位

（統合政府のネット資産推移、ＣＤＳレート、グラフ参照）

●日本の財政危機はやはりウソ

現行ＰＢは狭義政府の資産残高対ＧＤＰ

《各国の名目GDPの推移》

（1990年＝1）

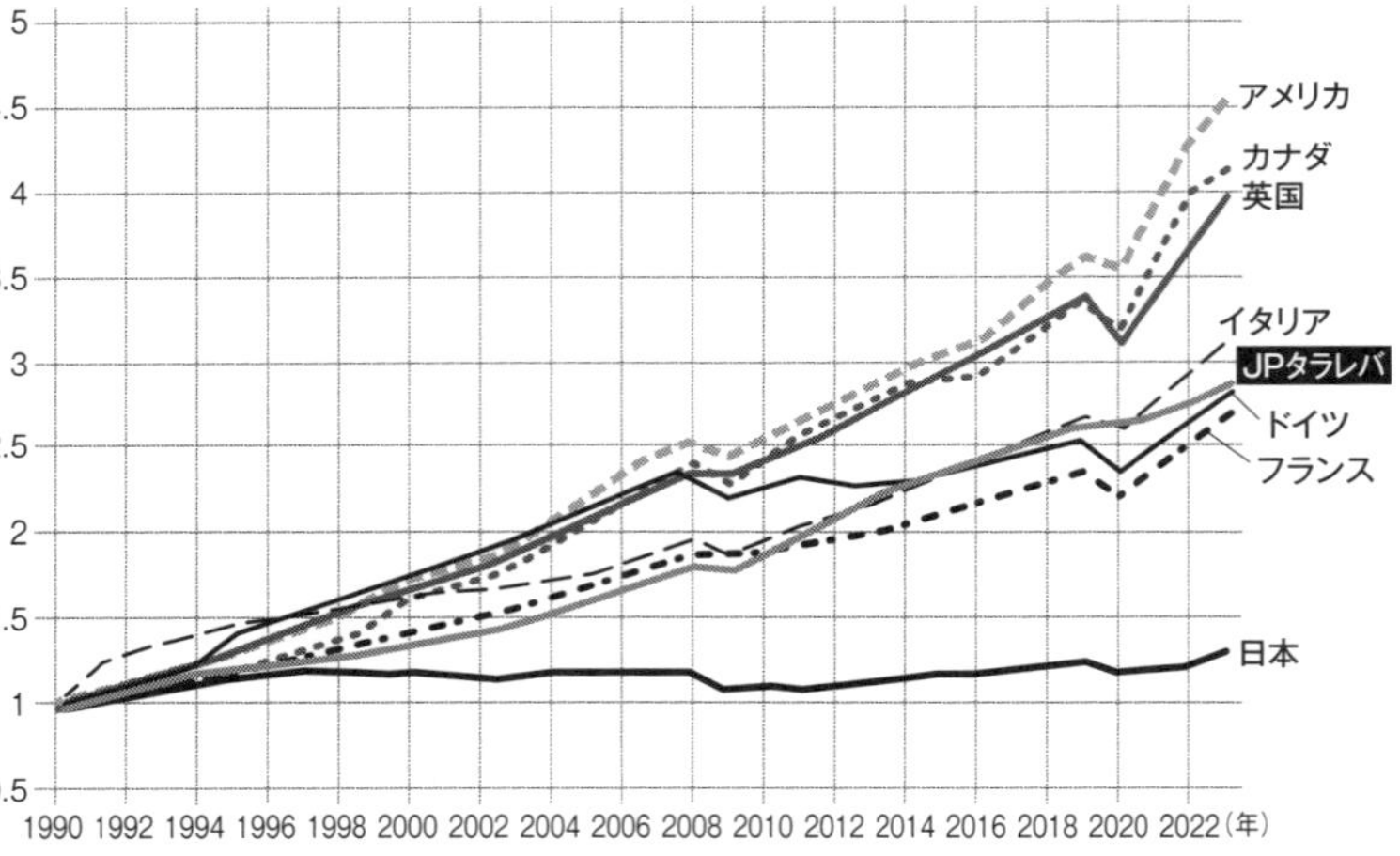

（資料）IMF。ただし、「JPタラレバ」はデフレがなくて、まともな社会的割引率であった場合の日本の名目GDP　筆者試算

《各国物価（デフレータ）の推移》

（1990年＝1）

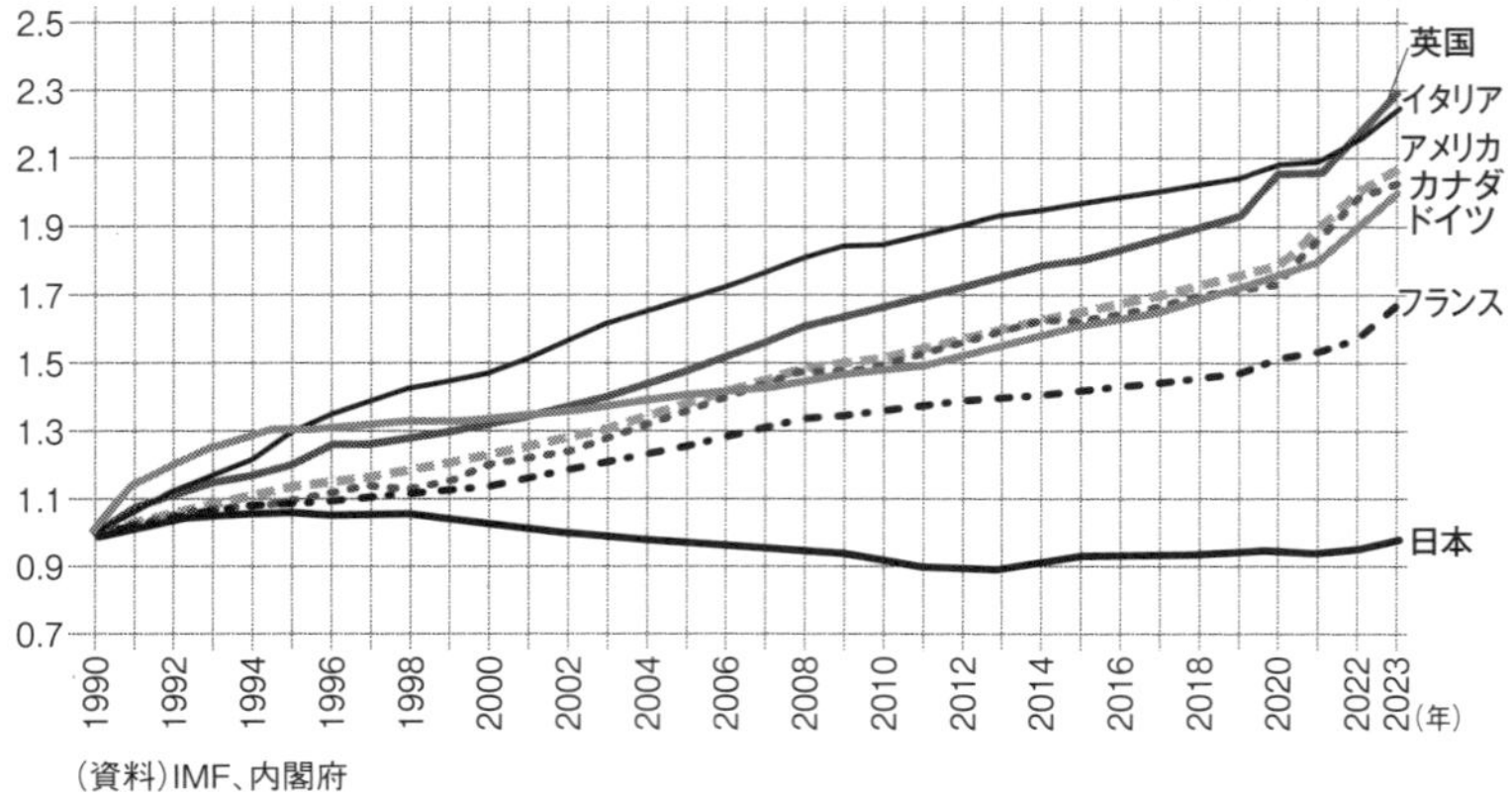

（資料）IMF、内閣府

《統合政府のネット資産（対GDP比）の推移》

統合政府で見ると、日本は2番目に健全

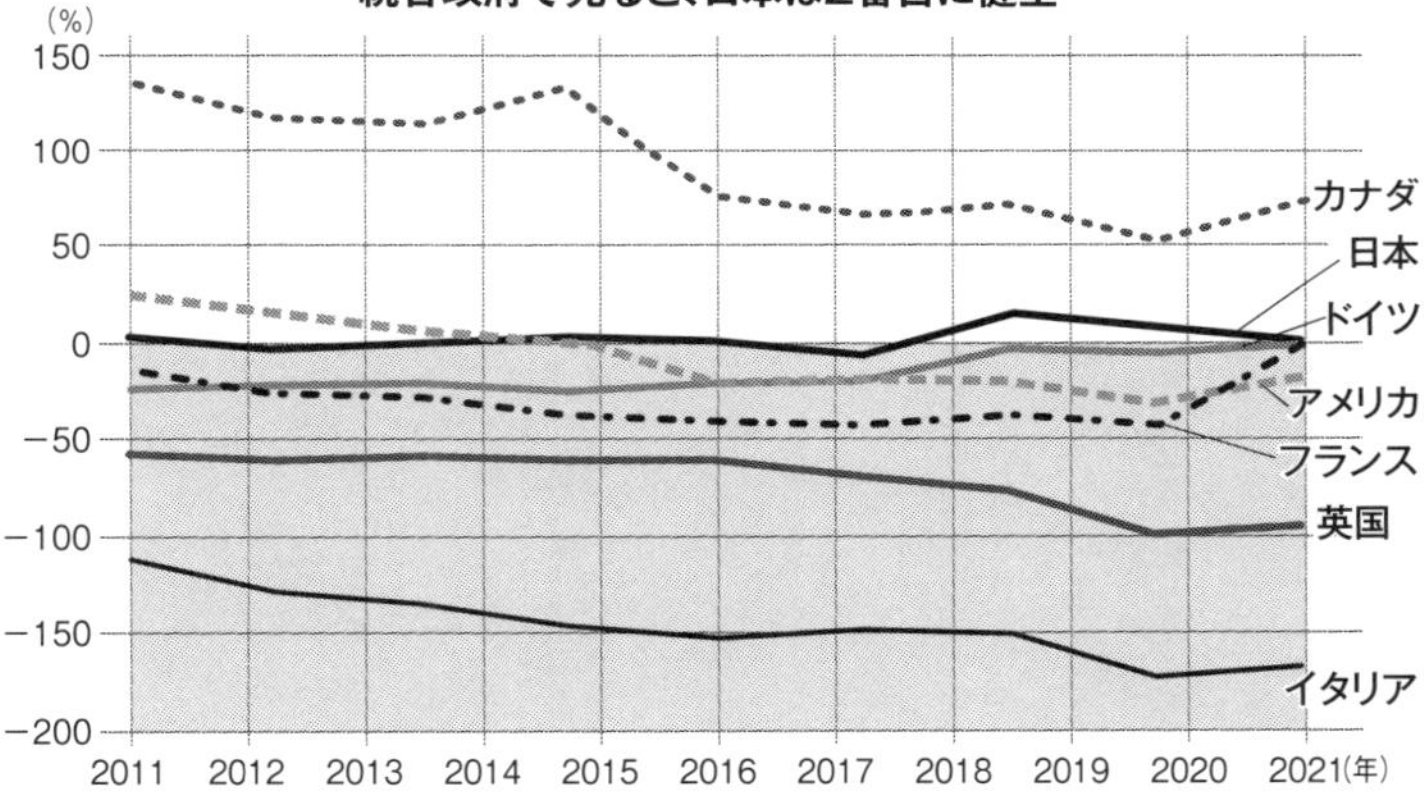

（資料）IMF：Public Sector Balance Sheet Database

《各国統合政府のネット資産（対GDP）とCDSレートの関係（直近）》

日本国債の破綻可能性も2位と低い！

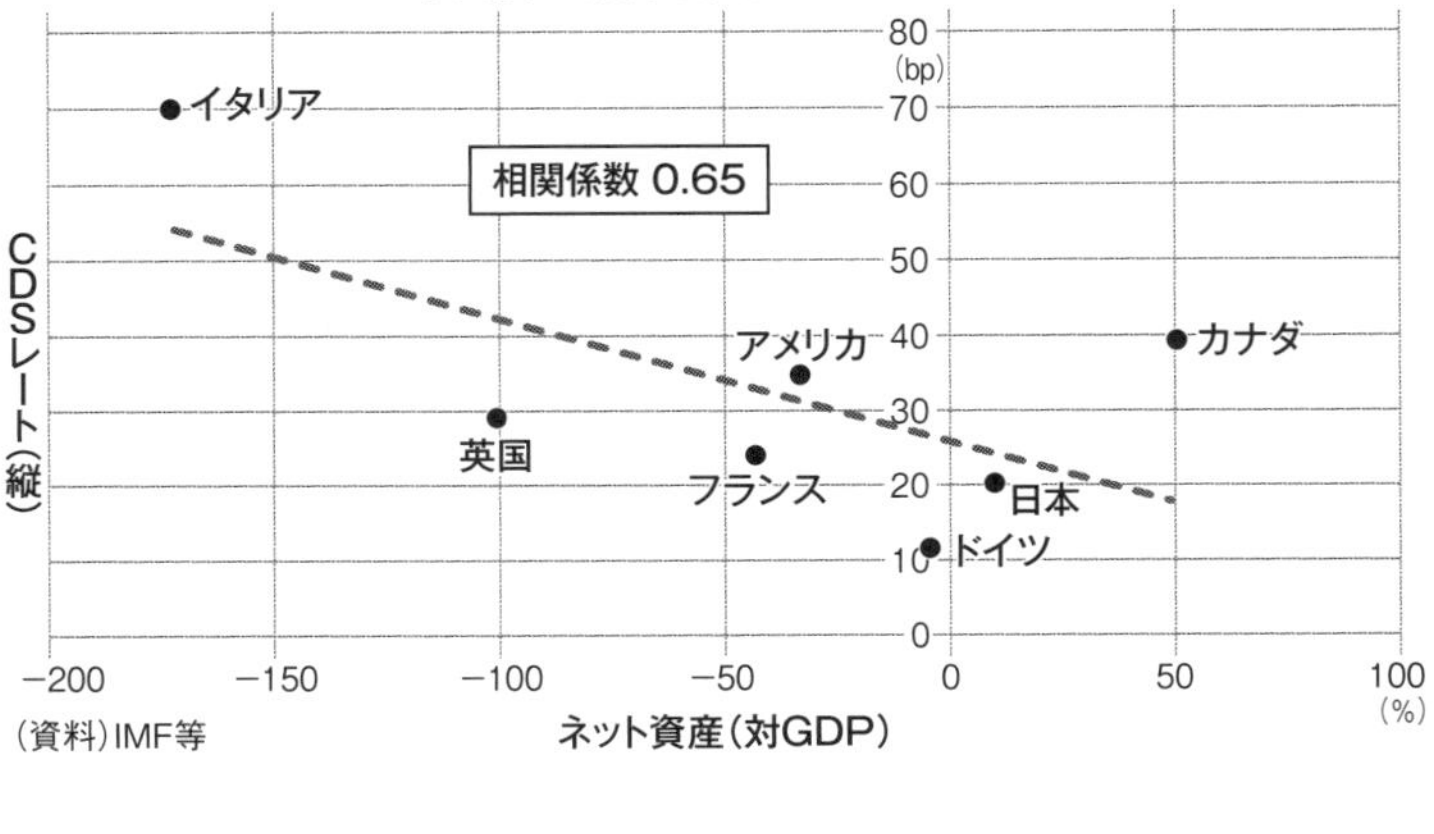

（資料）IMF等

比の分析には適切だが、真の財政状況を表す広義政府（統合政府）のネット資産残高対GDP比の分析には不適切である。

したがって、統合政府のPBで見なければいけない。というのは、統合政府のほうが国の財政事情を正しく反映する。各国国債の健全度を示すCDSレートは統合政府のネット資産残高でよく説明できる。G7のクロスセクション分析で、相関係数▲0・65とかなりの説明力になっている。

財務省がいくら財政危機を煽っても、日本のCDSレートは先進国において最低レベルで、統合政府で見て日本の財政健全度はG7中2位なのと整合性が取れている。社会的割引率の件は、58ページで詳述している。

なお、金利と成長率の関係についても前述の通りだ。

その上で、導かれる新たなPBの導入や現行PBへの修正の提言をしている。

●現行PBをどうすべきか

自民党内には財政政策検討本部と財政健全化推進本部（本部長・古川禎久衆院議員、本部長代行・小渕優子衆院議員、幹事長青木一彦参院議員）がある。前者は安倍元首相が主導した積極財政派、後者は麻生元副総理の緊縮財政派だ。

緊縮財政派は、茂木派から主要人物を引き抜く形で、1月末から議論を積み重ねてきている。もっとも議論の中身は非公開だが、その様はステルス増税（控除引き上げ、各種保険料、負担金引き上げ等）を企んでいるようだ。

一方、積極財政派は3月7日からキックオフ。その日は、筆者が呼ばれて、新たなPB（プライマリーバランス）の指標の必要性を訴えたわけだ。筆者の講演やその資料は前出のように公開されているが、質疑は、自民党議員のみならず役人（内閣府、財務省、日銀）も加わるということで非公開だった。もちろん筆者としては質疑も完全公開で構わない。

その講演の場で、次のような質疑があった。例えば、筆者の利用した統合政府について、その統計データの疑義が指摘された。筆者が用いたのはIMFのデータであり、それは公表されてから5年以上経つので、IMFに影響力のある財務省はデータの中身なども周知のはずだと反論した。

また、統合政府のバランスシートで資産と負債の差額を考えるとしても、売れない資産があるという質疑に対しては、日本の場合、大半は金融資産であるので売却可能だといっ

◎現行 PB をどうすべきか（1）

指標	ストック指標との関連性	問題点
財政収支	グロス狭義政府債務	政府資産考慮なし
現行 PB	ネット狭義政府債務	統合政府考慮なし
広義 PB	ネット統合政府債務	ベスト

た。

筆者は、十分に時間の余裕を持って講演資料を提出したので、役所から見れば反論するのに十分な時間的な余裕があったはずだが、質疑内容は30年前の筆者が大蔵官僚時代に統合政府のバランスシートを作成した当時と変わらないものだった。

そのほか、教育国債についてどう考えるのかという質問もあった。日本の過小投資が失われた30年間の要因でもあるし、人的資産を考慮すれば問題ないといった。その際、かつて、この話は自民党教育再生本部でも話していると付け加えた。

植田日銀総裁が「インフレになっている」という旨の国会答弁をしたことも聞かれた。インフレの定義は持続的な物価上昇であり、単にインフレ率がプラスだからインフレ、という単純な話ではない。インフレに「ディマンドプル」（需要牽引型）と「コストプッシュ」（生産コスト上昇型）の二つ

◎現行PBをどうすべきか(2)

・政府の財政状況が、統合政府のネット資産でほぼ決まるので、**「統合政府PB」とすべき**。政府と日銀にまたがるので、高い政治レベルでコントロールが必要。

・統合政府PBなら、**マネタリーベース増分は黒字要因**。少なくとも統合政府のネット資産を見れば、**当分の間意識しなくても問題ない**。なお、金融政策が平常時ならば、**統合政府PB≒現行PB＋1（対GDP比）。現行PB赤字（対GDP比）1％程度は問題なし。**

◎現行PBをどうすべきか(3)

・「統合政府PB」を取るべきであるが、それができないのであれば、**現行PBの運用を修正すべき**。

・**少なくとも建設国債による投資経費など見合いの資産があるとみなしてもいい経費は現行PBから除いて当面便宜的に算出したらいい**。

・同時に、**社会的割引率の見直し**で、投資社会創造へ。

◎現行PBをどうすべきか(4)

・かつて、金利>成長率を前提として、必要なPB対GDP比の黒字幅の上乗せ議論もあった（2005年の金利・成長率論争）。

・仮に、現行PBのままとしても、現在の状況では、成長率>金利なので、**現行PBで多少の赤字（対GDP比1％程度）でも問題ない**ともいえる。

・統合政府PBを考慮すると**対GDP2％程度は問題なし。**

があるが、今のコストプッシュが持続的かといわれると疑問であると答えた。

鈴木俊一財務大臣が、日銀は独立性があるから統合政府の考え方は適当でない旨の国会答弁をしていることについて、どうかとも聞かれた。この点については、鈴木財務大臣が、中央銀行の独立性をきちんと理解していないと批判した。

つまり、中央銀行の独立性とは、親子会社における子会社の「手段の独立性」でしかない。つまり、日々のオペレーションについて親会社の指図を受けないという意味だ。これは、世界の中央銀行の常識であり、バーナンキ氏も日本に来たときに言っているが、なぜか報道されていない。

先進国で日本のように債務償還費を計上している国はあるのかという質問もあった。これは、日本だけの独特の予算手法であると言った。（この件については、別のコラムでも触れている）

なぜ財務省は筆者のように見ないのかという質問もあった。これは正直わからない。筆者が財務官僚時代、金融検査官も税務署長もやったが、相手の財務状況はいつもバランスシートをみていた。

公会計論から言っても、連結ベースのバランスシートで財政状況を判断するとしかいいようがない。**別に筆者は、積極財政派と緊縮財政派のどちらの肩を持つわけでもなく、正しく国の財務状況を判断して、国民に示し、適切な財政政策を行ってほしいと考えているだけだ。**でないと、失われた30年間の教訓を生かせない。

いずれにしても、論争の内容は積極財政派が優勢だが、自民党内の政治力学では緊縮財政派のほうが優勢だ。なにしろ積極財政派の後ろ盾だった安倍元首相はいないし、安倍氏の後継の萩生田氏や世耕氏は政治とカネの問題で現時点ではパワーダウンは否めない。はたして、今年度の骨太方針、総選挙の公約はどうなるのか。

第4章

アメリカのグローバルパートナーへ 日本の安全保障

岸田首相、国賓待遇の訪米で得た「本当の成果」と「見返り」

●5人目の国賓待遇として招かれた岸田首相

２０２４年４月９～12日、岸田首相は国賓待遇でアメリカを訪問、日米首脳会談や日米比首脳会談、米議会での演説などのイベントをこなし帰国した。さまざまな形で報じられているが、日本にとっての「本当の成果」とはなんだったのか。改めて検証しよう。

今回、岸田首相は「国賓待遇」だった。

国賓待遇とは、政府が公式に招待する外国賓客のうち、最も格式高く接遇することをいう。アメリカの場合であれば、大統領が安全保障や経済などで重視する国の首脳を最大級の格式で迎えることである。

バイデン政権下での国賓待遇としては、これまでフランスのマクロン大統領、韓国の尹大統領、インドのモディ首相、オーストラリアのアルバニージー首相の前例があり、岸田首相で５人目だ。

日本の首相が国賓待遇で訪米したのは、１９８７年５月の中曽根康弘首相（レーガン大統領）、１９９９年５月の小渕恵三首相（クリントン大統領）、２００６年６月の小泉純一郎首相（ブッシュ大統領）、２０１５年５月の安倍晋三首相（オバマ大統領）がおり、今回の岸田首相は安倍首相以来９年ぶりで５人目である。

それだけに、日本側の気合いは十分だった。外務省も綿密な準備の上で今回の訪米が行われた。岸田首相は、首脳会談後の記者会見で、「同盟国の中国」と言ってしまうという、あってはいけないミスがあったものの、議会演説や晩餐会ではユーモアを交えた英語スピーチもあり評判はよかった。

もともと、バイデン大統領も岸田首相も、事務方で積み上げて首脳会談を行うタイプなので、サプライズは期待できないが、その一方で手堅く演出や見せ方はまずまずだった。

●日本が得たものと「見返り」

今回の日米首脳会談では、安全保障に力点が置かれていた。首脳会談後の共同声明に中国の報道官は激しく反発し、台湾からは称賛の声が出た。これだけで、総論としては今回の日米首脳会談には意味があったといってもいい。

中身を見ていくと、日本側が得た要件として、

(1)マイクロソフト社が日本に約4400億円の投資表明、

(2)日本人宇宙飛行士が米国人以外で初めて月面着陸できる機会提供、

(3)尖閣諸島について日米安全保障条約第5条の適用対象と明言、

(4)北朝鮮との会談を望む岸田総理の姿勢を支持、

といった4項目が主に挙げられていた。

もっとも、日本がタダでこれらを得られるわけはない。筆者はそれらの「見返り」として、三つほどの要件を考えていた。

一つは、ウクライナについて日本が経済支援することだ。バイデン政権の軍事支援が議会で阻まれている中、日本が非軍事の支援を行い、アメリカを間接的に助けるというもの。

二つ目は、日本が北朝鮮との関係正常化に乗り出すことにより、**極東アジアの安全保障でのアメリカの負担を減らす**ことだ。ただし、これには拉致問題の完全解決が前提かつ必要条件である。

北朝鮮との関係正常化は拉致問題の完全解決がまず必要だが、外務省の中には、関係正常化に前のめりの人もいる。岸田首相は拉致問題にこれまで関わって来なかったので、拉致問題の完全解決を置き去りにして、数名の拉致被害者帰国という成果のみで関係正常化に走る可能性もあるわけだ。

ともあれ、関係正常化が望ましい方向で達成された時には、岸田政権としては支持率上昇、北朝鮮としては喉から手が出るほど欲しい日本からの経済援助が得られる。北朝鮮関連でここまで成果を挙げられていないバイデン政権は、北朝鮮との関係を変化させることによって、中国と北朝鮮という「アジア二正面作戦」を回避できる。つまり、三者にそれぞれメリットがあるのだ。

ちなみに先の(4)については、日米首脳会談後の記者会見で「拉致問題」と言及されているが、安倍首相が繰り返し拉致問題を説明したトランプ氏と異なり、バイデン大統領がそこまで拉致問題に精通しているとは言えないので、これは外務省が〝盛った〟可能性のある表現だ。

●アメリカの「グローバルパートナー」へ

そして、我が国が米国に求められるであろう「見返り」の三つ目は、**アメリカとの関係性を「地域パートナー」としてではなく「グローバルパートナー」へと変容させることだ。**

これ自体は悪いことではなく、むしろ日本としては不可避である。

例えば軍事においては、自衛隊と在日米軍のさまざまな形での「統合」といったことになるわけだが、もちろんこれは相当綿密な準備が必要だ。

今回、検討されていくことになったのは命令系統の一元化である。自衛隊側は「統合司令部」を置いて陸海空を一括して動かし、「在日米軍」側にも一定の権限を持った「大将」を設けることとされている。

日本が敵基地攻撃能力を持つと、米軍の後方支援ではなく、米軍と一体化して動けるようになる。これでわが国は世界基準に近づいた。有事などには出先同士で調整したほうが早く対応できるとの理由から、在日米軍と自衛隊が統合化し、連携できる仕組みを構築しようとしているのはいい話だ。

●「AUKUS」への協力はどうなる

今回の岸田首相訪米にあたっては、米英豪の安全保障の枠組み「ＡＵＫＵＳ《オーカス》」の今後についても注目された。先端技術協力にパートナー国として日本の参加を検討するという主旨で、「アジア版ＮＡＴＯ」とも称されることがあるだけに、中国をはじめ各国が動向を注視している。

もっとも、「ＡＵＫＵＳ」への日本の「協力」を検討とされているだけで、「参加」ではないので日本側に今後かなりの努力が必要である。**グローバルパートナーというものの、日本にその実力も覚悟もないことを見透かされており**、それこそ憲法を改正でもしない限り具体的に物事は動かないのではないか、と筆者は見ている。

ただし、日本がアメリカのグローバルパートナーへと格上げになった効果なのか、イランがはじめてイスラエルに攻撃したことに対し、日本政府もすぐに反応した。

２０２３年10月7日のハマスによるイスラエルにおけるテロについて、Ｇ７のうち日本を除く６か国が、イスラエルの自衛権を支持しながら、国際人道法の順守を求める共同声明を発表した。

今回は、バイデン大統領はG7で協調対応するなど、イラン非難の意志を明確に示している。日本も、中東情勢の悪化を懸念した上で非難をすぐに示した。岸田首相訪米の「成果」はすぐに現れるものばかりではないが、日米および世界情勢との距離感は徐々に変わっていくはずだ。

米国のウクライナ支援、日本が融資を「肩代わり」？

4月20日、米下院と上院は608億ドルのウクライナ支援法案を可決した。一部を借款にすることや、岸田文雄首相の米議会での演説が引用されたことなどが話題になっている。

こうした記事について筆者は4月21日、X（旧ツイッター）で《これはキッシー訪米のおかげ。無償援助から融資に代えたからと説明されている（米→ウへの融資）が、その融資を最終的には日本が肩代わりするから、アメリカの実質負担なしになるというロジック》と投稿した。

それに対して、《支援額の一部が融資（借款）に切り替えたとの記載は投稿者が引用している記事にありますが、「日本が肩代わりする」との記載は投稿者の仮説に過ぎず、その根拠は示されていません。参考までに他の情報源も掲載しておきますので、あわせてご確認ください》と、産経新聞とＮＨＫ報道を参考とするコミュニティノート（利用者による注釈）が付けられた。

ただし、双方ともにアメリカの支援額の一部が融資に切り替えられたという事実を書いているだけで、筆者もその程度の事実を把握した上で投稿した。このコミュニティノートは、筆者の意見を間違いと指摘するわけでもなく、何が言いたいのかさっぱりわからないものだった。

日本がウクライナに支援を行うことは、岸田首相の訪米時にも表明されている。この支援は主に融資で、軍事支援にはならず、非軍事分野であろう。

米下院では、岸田首相の訪米後に、これまで通らなかったウクライナ支援法案が急に進みだした。

もちろん筆者の推測であるが、岸田首相の訪米時におけるウクライナ支援の表明とは無関係ではないだろう。米国において、日本が他国への支援の話を行うのは、米国の議会人に対する何らかの意図を持っているとみるのが自然だ。

そこで、筆者は、日本のウクライナ支援と今回の米下院でのウクライナ支援法案との関係を合理的に推測しただけだ。全くの邪推であるが、今回のウクライナ法案の米下院における根回しにおいて、「融資にするが日本が最終的には持つだろう」くらいの話が出ても不思議ではない。

もし仮に、米国のウクライナへの融資期間が日本のそれより短ければ、意図はどうあれ、結果として米国の「肩代わり」の効果になる。

国際社会では、支援を互いに押し付け合い、それぞれの国が国益を得ようとしている。そうした場合、無償援助から融資に代えて「いいとこ取り」をするのもそれほど珍しくない。

Xのコミュニティノートを書いた人は、結果として肩代わりになるような国際社会のシビアな争いを知らず、推測も働かなかったのだろうか。

筆者であれば、今回の米下院のウクライナ支援法案の可決は、「日本がカギを握っていた」と強調するだろう。そして、「日本は民主主義を守るために相当の役割を果たした」とアピールしたいくらいだ。

日本のウクライナ支援の裏にある米・ＥＵで押し付け合いの構図

実は岸田首相の訪米前から、日本は米国のウクライナ支援を肩代わりさせられるとの懸念も一部にあった。どうなのか。

２月19日に東京で「日・ウクライナ経済復興推進会議」が行われた。日・ウクライナ経済復興推進会議は、岸田文雄首相肝いりで、外務省および経済産業省の協力を得て内閣官房において準備が進められてきた。主催は日本政府とウクライナ政府、共催が経団連とＪＥＴＲＯ（日本貿易振興機構）だ。一応、官民体制になっている。

もっともウクライナ側は、日本の企業進出や技術協力だけでなく、日本政府からの財政援助にも期待を寄せているとみられる。

ウクライナは今年の国家予算が約３兆３５００億フリブナ（13兆円超）。その財源は税収が約１兆８０００億フリブナ（７兆円程度）、残りの約１兆６０００億フリブナ（６兆円程度）は支援国からの援助など、となっている。

国家予算の税収相当分は、兵器調達や軍の人件費などロシアと戦うための国防関連費、支援国からの援助相当分は国防関連以外の社会保障費などに充てるとしている。

ウクライナ政府は、支援国の財政援助がなければ、公務員約50万人と教員約140万人の賃金、約1100万人分の年金の支払いが遅れると公言している。というわけで、非軍事への支援なら日本という連想で、日本が「6兆円の支援をする」という噂が出ているのだ。

たしかに最大の支援国である米国は、ウクライナ支援予算が通らない状況だ。共和党は支援に否定的で、かつ11月に大統領選があるので、今年は期待できない。大統領選ではトランプ氏が優勢なので、来年も状況改善は無理と見たほうがいい。

他方、欧州連合（EU）は2月1日、500億ユーロ（約8兆円）の支援を決めた。内訳は330億ユーロの融資と170億ユーロの返済不要の補助金からなり、新たに設置される「ウクライナ・ファシリティー」を通じて、2024〜27年にウクライナに継続的に提供される。

ウクライナが国防関連費を税収から、その他社会保障費などを外国支援国からの援助という方針なら、EU以外は日本からと考えても不思議でない。EUの支援は4年間で8兆円なので1年では2兆円となる。1年あたり4兆円不足するので、日本にはその程度の期待がかかっているかもしれない。

ウクライナが税収を国防関連費に充てるというのは、米国の支援がなくなることを見越した対応だ。ということは米国の肩代わりを日本がすることにはならないかもしれない。しかし、米・EUでは「支援疲れ」もあり、支援継続が難しくなっている。それぞれの見通しが出る中、残りの非軍事についてはすべて日本となることも考えられる。

ウクライナとロシアは交戦中であるが、世界では支援の押し付け合いが同時進行していた。米、EUの後に日本という順番が大いに気になるところだ。ウクライナとロシアの停戦が日本を除いて急転直下決まり、後の支援は日本となりかねない。

経済安保、反対する人はどこかのエージェントか？

経済安全保障分野におけるセキュリティー・クリアランス（適格性評価）制度の創設に

向けた法案が閣議決定されたが、その意義と課題はどうか。

セキュリティー・クリアランス制度とは、国家における情報保全措置の一環として、政府が保有する安全保障上、重要と指定された情報にアクセスする必要がある者（政府職員および必要に応じ民間事業者等の従業者）に対して政府による調査を実施し、当該者の信頼性を確認した上でアクセスを認める制度である。

また、民間事業者等に政府から当該情報が共有される場合には、事業者の施設などの確認も併せて実施される。

これまで日本では、セキュリティー・クリアランス制度を規定する法律として、特定秘密保護法があった。しかし、主要国と異なり、同法による特定秘密情報の範囲は「防衛」「外交」「特定有害活動の防止」「テロリズムの防止」の4分野に限られており、経済安全保障に関する情報は保全の対象となっていなかった。

クリアランス保有者は、米国では民間も含め400万人以上、その他の主要国でも数十万人以上いる。官民のクリアランス保有者の比率は、米国で官7割、民3割程度となっているなど、制度として定着している。

なお、日本では２０２２年4月末時点でクリアランス保有者は約13万人。保有者の率は官が97％、民が３％と、事実上公務員を対象としていた。

今回の経済安全保障分野におけるセキュリティー・クリアランス制度の創設により、やっと日本でも主要国並みになる。

安倍晋三政権において、２０１３年12月に国家安全保障会議（日本版ＮＳＣ）が発足、特定機密保護法成立、14年４月に防衛装備移転三原則、同年７月に集団的自衛権での憲法解釈変更、15年９月に安全保障関連法成立、17年６月に改正組織犯罪処罰法成立と、先進国で当然とされる安全保障に一歩でも近づけるような施策を行ってきた。

最近の国際情勢の変化をみると、安倍政権におけるこれらの施策はさすがに先見の明があったと思うが、従来の方針の変更でもあったので、慎重にならざるを得なかった。

特定機密保護法では4分野に限定し、事実上、公務員のみを対象にした。集団的自衛権もフルスペックではなく、限定的な集団的自衛権である。それでも突破口を開くことに意義を見いだし、安倍氏は我慢した。筆者は、それらの政治交渉に同席する機会もあったが、安倍氏の意図を痛いほど感じた。

●セキュリティー・クリアランスの不備は国会審議で埋めるべし

今回の経済安全保障分野におけるセキュリティー・クリアランス制度の創設は、安倍氏がやり残したことを埋める一歩だ。そのクリアランス保有者の対象に政府高官が抜けていたり、評価対象項目としてハニートラップに関する条項がなかったりといった問題があるが、その辺はぜひ国会審議で埋めていただきたい。

十数年前の特定秘密保護法の時と同様に、先進国で当たり前のこの制度に反対する人たちは、どこかのエージェントかと疑われてしまうのでは、と心配になってしまう。

米国「対中半導体戦争」の行方 日本の技術は注目されるのか

米政府が、中国通信機器大手、華為技術（ファーウェイ）に対する米半導体大手インテルの輸出許可を取り消したと報じられた。

ファーウェイは最近、インテルの新型プロセッサーを組み込んだパソコンを発表した。

この新型プロセッサーは、従来のCPU（中央処理装置）とGPU（画像処理装置）に加えて、機械学習やディープラーニングなどのAI（人工知能）処理に特化したプロセッサー「NPU」を統合したものだ。パソコンオタクの筆者は、この新型プロセッサーを組み込んだパソコンの自作を検討している。

ちなみに、ファーウェイの新商品のOS（基本ソフト）は米マイクロソフトのウインドウズではなく、ファーウェイ独自の「ハーモニーOS」と同社の大規模言語モデル「Pangu」を統合して、マイクロソフトの生成AI「コパイロット」や、オープンAIの「ChatGPT」と同様の機能を提供するとのことだ。

パソコンはハードとソフト（OS）で成立するが、ファーウェイはソフトの米依存を脱したので、いよいよ残るはハードだけになった。

米商務省はドナルド・トランプ政権時代の2019年以降、ファーウェイとその関連会社への輸出を原則不許可にする措置を取っていた。米国外で製造されていても、米国の技術やハードやソフトを使う場合は事前許可が必要だとしていた。

ここでのポイントは、最近のAI利用に関連したNPUだ。これを開発しているのは、インテル、クアルコム、ＡＭＤ、アップルという米企業だ。アップルは自社でＮＰＵを使うので、中国企業が利用できるのは、インテル、クアルコム、ＡＭＤに限られる。ＡＭＤは既に中国向け輸出禁止に従っており、クアルコムもまもなくゼロになると説明していた。インテルは許可を取ったうえで、特別にファーウェイにパソコン用の半導体の輸出を続けていた。それが、他の米企業と同様に今回インテルも止められたわけだ。

もちろん、インテルもこの日を想定して対中取引を少なくしており、ファーウェイは上位顧客リストにない。

実は米商務省は、競合他社がファーウェイ向けから撤退するなかで、受注を積極的に続けることに対して、厳しい対応をとるとし、高額罰金も辞さないというスタンスだった。ファーウェイは、インテルに止められると、新商品を出せなくなるだろう。

こうした米政府の措置は、米国議会の対中強硬姿勢が背景にある。下院外交委員会のマイケル・マコール委員長は、中国の高度なＡＩ開発を阻止する鍵になるとしている。

今回の措置は高機能半導体に関するものなので、日本政府による国内の半導体産業への投資には直ちに影響するものではないとみられる。

ただし、日本が再び世界の先端を目指すなら、意識しておくほうがいいだろう。望むらくは、日本の技術が再び世界の注目を浴びるようであってほしい。

日韓関係の改善は進んだのか徴用工訴訟で日本企業に実害

韓国政府がいわゆる「元徴用工」訴訟の解決策を提示してから1年余りが経過した。日本企業の供託金が原告に渡る事態も起きているが、日韓関係は改善しているといえるのだろうか。今後の関係はどうなるのだろうか。

尹錫悦《ユン・ソンニョル》政権は2023年3月、韓国最高裁が日本企業に命じた賠償支払いについて、「韓国政府傘下の財団が肩代わりする」と表明した。それを岸田文雄政権も受け入れて、昨年6月に通貨交換（スワップ）協定の再開や、輸出優遇措置の対象となる「グループA（旧ホワイト国）」への再指定など、日韓関係正常化にかじを切った。

だが今年2月20日、元徴用工訴訟において、日本企業の供託金が原告に渡るという実害が生じてしまった。

韓国政府は、まずは約束した韓国政府傘下の財団が肩代わりすることを実行するべきだ。1年も前の約束なので、すぐにでもできるだろう。これが実行されるのであれば、日韓関係は改善したと言ってもいい。

しかし、3月20日ごろとみられていた岸田首相の訪韓はキャンセルされたようだ。ということは、韓国政府傘下の財団による肩代わりがすぐに実行されないことを示唆している。原告に渡った供託金は6000万ウォン（約670万円）にすぎず、韓国政府が約束を果たす気がないとしか思えない。

なお、肩代わりの約束について、韓国の趙兌烈《チョ・テヨル》外相は1月12日、「日本の民間企業も共に船に乗る気持ちで問題を解決する努力に参加してくれることを期待する」と述べた。尹大統領も2月7日、「韓日関係の改善を願う両国の企業人の協力」に言及している。

1965年の日韓請求権協定からいえば、日本企業に韓国政府傘下の財団への資金拠出を求めるのはお門違いだ。もし、日本企業の資金拠出がないから肩代わりできないというのであれば、昨年3月の約束自体が怪しいものだ。

そうした怪しい約束に基づき通貨スワップ協定を再開し、グループAに復帰させた日本政府も情けない。このまま肩代わりがないなら、それぞれも白紙に戻すしかないだろう。

それだけでは不十分で、さらなる制裁措置を検討してもいい。

安倍晋三政権下で、当時の麻生太郎財務相が、韓国への対抗措置として「関税引き上げ、送金停止、ビザの発給停止とかいろいろある」と明言した。

それらを含めて日本企業に実害が生じた場合に備えて、「対抗措置」として１００前後の選択肢をリストアップしていたという。現状でも、そうした具体策を検討すべきだろう。

もちろん、韓国政府傘下の財団が肩代わりすれば問題はない。韓国政府の傘下という以上、当初の設立行為は韓国政府主導で行うはずだ。であれば、韓国政府による拠出金があるはずで、その中から６０００万ウォンを持ち出すのは容易であるはずだ。

しかし、それすらできないというのであれば、日韓関係は改善しているとは言いがたい。

イスラエルとイランの報復合戦、最も危険なのは「核施設」への攻撃

中東ではイランとイスラエルで攻撃の応酬が続いているが、今後本格的な戦闘に発展する恐れはあるのか。各国にどのような影響が出ると考えられるのか。

事の発端は、２０２３年10月7日のハマスによるイスラエルへの国際法違反のテロだ。これに対し、イスラエルはハマスに報復した。ガザでの表向き民間施設であってもハマスの拠点となっているところにはイスラエルは容赦なく攻撃した。

このハマスによるテロから議論を始めるべきだ。その前の歴史を遡《さかのぼ》ると収拾がつかなくなる。23年10月22日、日本を除く主要7か国（G７）はこのテロに対しイスラエルの自衛権を認めた。イスラエルの報復が自衛権の範囲を超えるかどうかは個別具体的な報復行為に依存するが、イスラエルが自衛権の範囲内と挙証できれば国際法上の問題はとりあえずないといえる。

国際世論にはイスラエルの報復は自衛権の範囲を出ているという意見もあるなかで、今年４月１日、イスラエルは敵対するヒズボラの支援拠点として、シリアにあるイランの在外公館を攻撃したもようだ。イスラエルは関与したかどうか明らかにしていないが、仮に関与したとして、在外公館とは偽装であり、実質的にヒズボラ拠点という言い分だろう。だが、イランから見れば在外公館への攻撃は明白な国際法違反である。

このため、４月13日にイランは報復した。イランからのイスラエルへの直接報復は前例のないものだった。ただし、イスラエルの軍事拠点のみに対し事前通告をしたので、その意味で抑制的なものだった。

これに対し、日本を含むG7はこれ以上エスカレートしないことをイスラエルに求め、一方でイランを非難した。

そこでイスラエルの出方が問題だが、次の3つがあり得る。

第1に、このままイスラエルがイランに対し何もしなければ、とりあえずの小康状態になる。

第2に、もしイスラエルがイランの軍事施設以外に報復するようであれば、事態はエスカレートする可能性がある。一番危険なのは、イスラエルにとって軍事施設でも、イランにとって形式的には民間施設である核施設をイスラエルが攻撃した場合だ。

第3に、そこまで行かずにイスラエルがイランの軍事施設に対して限定的な報復にとどまれば、その後多少の小競り合いはあっても事態がエスカレートするに至らない可能性がある。今のところ、第3の可能性が高いようだが、第2の可能性もまだ捨てきれない。

こうした状況を受けて、4月19日の東京株式市場は大混乱した。イスラエルがイランに報復したかもしれないという情報が出ると、日経平均株価は1300円ほど急落した。その後限定的かもしれないとなり、終値は1011円安まで戻った。

これは中東不安によるエネルギー危機への連想だ。イランに限ればその原油輸出の相手先はほとんど中国であり先進国への影響は少ない。しかし、ホルムズ海峡（ペルシャ湾とオマーン湾の間のエネルギー供給の大動脈）の不安定化にまで進行すれば、やはり先進国とりわけ日本経済への影響は不可避だ。

第5章

ロシア、中国、北朝鮮の横暴にどう対峙するか

プーチンと金正恩、事実上の軍事同盟「露朝条約」

２０２４年６月19日、ロシアのプーチン大統領が北朝鮮を訪問し、金正恩総書記と首脳会談を行い、「包括的戦略パートナーシップ条約」を結んだ。これは事実上の軍事同盟とも指摘されている。日本への脅威はどれくらい増すのだろうか。

プーチン大統領によれば、この条約は冷戦時代に結ばれた「ソ朝友好協力相互援助条約」と同じであるという。同条約は、ソ連の崩壊により１９９６年に失効したが、その「現代版リバイバル」になっている。冷戦下でソ連が北朝鮮を直接軍事的に支援できることになっていたが、今や北朝鮮がウクライナ戦争でロシアを軍事的に支援する後ろ盾にもなった。

北朝鮮の日本への脅威は、冷戦時代とは比較にならないほど大きくなっている。まず、北朝鮮は既に核を持っているといわれ、その運搬手段であるミサイルも米国本土まで到達できるようになっている。実戦でどの程度使えるかは未知数だが、相当な脅威であることに変わりはない。

その北朝鮮が、ロシアと軍事同盟を結んだら、極東アジアでの軍事バランスは大きく変化する。

平壌でプーチンが運転する車の助手席に乗る金正恩（2024年6月19日）

これまで国連安全保障理事会は、北朝鮮に対して各種の制裁措置を決めてきた。曲がりなりにも国連が北朝鮮の歯止めになってきたが、今後はロシアが国連で拒否権を発動する可能性が高い。というのは、これまで安保理は核・ミサイル開発を進める北朝鮮との武器の輸出入などを禁止しているが、今回の露朝条約はこれに抵触すると思われるからだ。

早速、日本や米国、韓国は安保理決議違反に当たると主張し、緊急会合の開催などへ動き出した。ただし、ロシアは今回の条約の正当性を主張するので、北朝鮮に関する安保理決議は今後形骸化する可能性が高い。

また、ロシアが既に実戦配備している極超音速滑空体（極超音速で滑空する弾頭）について、北朝鮮に対して技術供与すれば、北朝鮮が開発中のものはすぐに実用可能になる。となると、今の日本は弾道ミサイルに対する防衛を想定しているので、防衛システムは無力化してしまいかねない。要するに、北朝鮮からの核攻撃についてイージス艦による防衛が無力化されるので、核報復という手段でないと、日本の安全が保たれないのだ。

●核保有の議論は進めないのか

隣国で友好国でないところが防御不能な核兵器を持った場合、選択肢は①「友好国になる」か、そうでない場合には②「米国の核の傘」、③「米国との核共有」、④「自前の核保有」しかない。

望ましいのは①だろうが、現状では期待できない。②は現実的であるが、米国は自国を危険にさらしてまでも日本のために核を使うとは考えにくい。そこで、少なくとも③核共有が次善の策になる。安倍晋三元首相は、2年前に暗殺される直前まで、核共有の議論が必要であると言っていた。

こうした話を大阪・ABCのテレビ番組「教えて！ニュースライブ　正義のミカタ」の

中で、芸人のほんこんさん、藤井聡京大教授と話した（6月22日）。藤井聡さんも「日本が核攻撃を受けた時にアメリカが国益のために核の傘を開かないことがあり得る。選択肢は一つ」と核保有を示唆し、それを受けて筆者も意見を言った。しかし、核保有という用語を出すこと自体「地上波では珍しい議論」と言われて、こちらが驚いた。

昨今の極東アジア情勢で、ロシアと北朝鮮が事実上の軍事同盟を結ぶなど緊迫していることを考えれば、「非核三原則」を堅持するなどというほうが国際常識に反するだろう。タブーなき議論が必要だ。

いずれにしても、非核三原則の見直し、とりわけ核保有という用語は、地上波ではタブーらしく、まともに議論できないが、「正義のミカタ」では生放送の利点を生かして堂々と議論されている。興味のある方はＴＶｅｒで録画を見ることができるので是非ご覧下さい。

プーチン政権にどう対峙するか考えておく必要がある

ロシア大統領選は3月15〜17日に投票が行われ、ウラジーミル・プーチン大統領が87・28％の得票率で圧勝した。投票率は77・44％だった。旧ソビエト連邦崩壊以降のロシアの大統領選で得票率、投票率ともに最高だったとしている。

事前に投票率70％、得票率80％という「目標」が示されたようなので、この数字には驚かなかったが、やはり手段を選ばずに達成されたようだ。

もちろん欧米からは「公正な選挙ではない」という批判が相次いでいる。例えば、対立候補は決して10％以上の票は取らない、プーチン大統領の「かませ犬」だった。得票率も、各地方にはノルマが課されていたのか、投票すると豪華景品がもらえるという「エサ」もあった。

ただし、一部の地域では、投票所への放火や、反体制派の指導者、アレクセイ・ナワリヌイ氏死亡に対する抗議行動もあった。

プーチン政権は、軍事侵攻によって一方的に併合を宣言したウクライナ東部や南部の4つの州でも、ロシアの「大統領選」を強行した。これに対し、日本や米国など55か国は共同声明で「国際法上、何の効力も持たない」としてロシアを非難した。

25年間にわたってロシアを支配してきたプーチン氏は、大統領として通算5期目に入り、新たな任期は2030年までの6年間となる。

習近平国家主席の中国、金正恩朝鮮労働党総書記の北朝鮮とともに、日本の北西部には、専制・独裁国家が控えているという事実をあらためて認識しておく必要がある。国際政治の中で唯一の理論とされる「民主的平和論」からみると、専制・独裁国家の周りでは戦争確率は高くなる。

●日本の「AUKUS」加入、安全保障の枠組み拡大の検討を

これに対抗するには、今の日米同盟に加えて、英国とオーストラリアとの準同盟を同盟に格上げするか、いっそのこと、米国、英国、オーストラリアの3か国による安全保障枠組み「AUKUS《オーカス》」に加入するしかない。

その一方で、中国とロシア、北朝鮮が相互に協力しないように楔《くさび》を打ち込むのがいい。最もくみしやすいのが北朝鮮だ。ただし、日本との間では拉致問題があるので、その完全解決が前提になる。

２０２４年11月の米大統領選の結果、ドナルド・トランプ氏が大統領に返り咲けば、北朝鮮の切り崩しも選択肢の一つになるかもしれない。

次にロシアだが、極東には手が回らない。安倍晋三元首相は、日本として、中露北の三正面作戦は無理とみて、ロシアの懐柔に出ていった。今のウクライナ侵攻問題がない時だったこともあり、西側諸国とは基本は同調路線であるが、個別問題では是々非々という態度だった。これを復活させるのも一案だろう。スウェーデン、フィンランドの北大西洋条約機構（ＮＡＴＯ）加盟でバルト海を封じられたロシアは極東重視になるかもしれないので、日本にも勝機はある。

いずれにしても、対ロシアだけを考えるのではなく、極東アジア全体を俯瞰《ふかん》した視点で戦略を考える必要がある。

G７でロシアの凍結資産活用へ前進
日本の過度な肩代わりは心配

２０２４年６月13日からイタリア南部プーリアで、先進７か国首脳会議（Ｇ７サミット）が開かれた。議論の成果をまとめた首脳宣言では、制裁によって凍結したロシアの国有資産から得られる収益を活用し、約５００億ドル（約７・８兆円）以上を新たなウクライナ支援に充てると明記した。

ウクライナ支援を年末までに行うため、欧州連合（ＥＵ）などで今後、必要な手続きが行われる。ロシアが侵攻をやめウクライナにもたらした被害を賠償するまで資産の凍結は続けるとしている。なお、「ウクライナへの揺るぎのない支援は必要とされる限り続く」とされている。

実は、交戦関係にない第三国がロシア資産を使えるかどうかは国際法上微妙な問題だったが、英国と米国が、消極的だったドイツやフランスを説得した経緯がある。凍結資産は３０００億ドル（約47兆円）で、その３分の２の２２００億ドル（約34兆円）程度はＥＵ

諸国が凍結しているものだ。

当分、G7国家が肩代わりをしてウクライナ支援を行い、その後、ロシア資産が充当されるのではないか。

一方、日本の場合は、凍結資産は50億ドル（約7800億円）程度に過ぎないので、日本が過度な肩代わりをしたときに、回収できない可能性がある。

この首脳声明では、中国とロシアの関係について、「ロシアへの支援に深い懸念を表明する」とされている。

ロシアの軍需産業を支援する中国を含めた第三国の団体に対策を講じるとともに、いわゆるロシアの「制裁逃れ」に関与する者に対して「深刻な代償を支払わせる」としている。

しかし、対ロシア制裁の抜け穴となっているのは、中国などであり、その実効性は引き続き危ういものだ。

首脳声明では、電気自動車（EV）などの中国の過剰生産の問題について懸念を示すとともに、G7として連携して対処するとしている。これについて、米国とEUは関税引き上げを打ち出しているが、日本は対応できない。

というのは、日本の関税定率法では、引き上げに当たり世界貿易機関（WTO）など国際ルールでの対応が厳格に規定されており、今の国際機関の機能不全は想定外の事態だからだ。

筆者は、理念としては日本の関税定率法を理解できるが、今のような国際機関の機能不全状態の下では現実的な対応が必要で、そのための法改正もしなければいけないという立場だ。だが、国会を延長しないと法改正できない。岸田文雄政権は延長はないというが（延長せずに閉会したが）大丈夫か。日本が関税引き上げをしないと中国製品が日本に流入し、非難を受ける恐れがある。

また、G7は、インド太平洋地域における中国による南シナ海や東シナ海での海洋進出に対する「深刻な懸念」を示し、武力や威圧による一方的な現状変更の試みへ強く反対した。

今回のG7サミットでは、ウクライナ支援の継続で結束を確認するとともに、中国を牽制するということで、西側諸国の一定の結束が図られたのは、よかった。

台湾総統選で中国はなにを目論んでいたか

2024年1月13日投開票の台湾総統選が行われた。習近平の中国の今後の動向を左右する選挙でもあった。結果はご承知のように、民進党の頼総統が勝利したが、改めて台湾総統選の前後の周辺国の動向をみてみよう。

この台湾総統選で与党、民主進歩党（民進党）の候補が勝った場合、中国はどう動く可能性があるのか。逆に野党勝利の場合はどうなると考えられたのか。

民進党が勝った場合、民進党の主張は「現状維持」なので、中国の習近平国家主席が掲げる台湾統一の野望とは異なる。この場合、習氏が何らかの方法により現状変更を行うことになるだろう。その典型例が力によるものだが、もちろんすぐに中国は行動しないだろう。というのは、11月に行われる米大統領選を待って、またはその間隙を狙うのが合理的である。

米国では、民主党政権と共和党政権でどちらが好戦的であるかがしばしば議論されるが、両党ともにさまざまなグループがいて、結論は出にくい。共和党では、「孤立主義」の人は海外のことに関心が薄く好戦的ではないが、「国際介入派」は好戦的だ。民主党でも、リベラル思想の強い人は好戦的でないが、共和党の国際介入派のような人は好戦的だ。

いずれにしても大統領が誰になるかがポイントである。

ジョー・バイデン大統領とドナルド・トランプ前大統領を比較すると、トランプ氏のほうがより孤立主義、米国第一主義である。娘のイバンカ氏の関係（夫のクシュナー氏は親イスラエル）で中東には一定の関心を持つだろうが、ウクライナと台湾については優先度はより低く、関心も低いだろう。

安倍晋三政権当時、トランプ氏の中国に対する関心は低かったが、安倍氏が注意喚起して関心が高くなった。だが、それも経済分野に限られ、安全保障では対中で目立ったことをしていない。いずれにしても、中国としては米大統領が誰になるかにより、最適な対台湾戦略が異なるために、米大統領選を見極めたいところだろう。

もっとも、11月の米大統領選まで中国が何もしないというのではない。仮に力による現状変更を狙う場合、尖閣がより重要な戦略的要衝になるので、尖閣への対応が先行する可能性もある。２０２３年11月下旬、習氏が軍指揮下の海警局に対し、沖縄県・尖閣諸島について「1ミリたりとも領土は譲らない」と述べたことも報じられている。

さらに同じ昨年の11月17日に米サンフランシスコで行われた日中首脳会談では、岸田文雄首相は尖閣諸島を巡る情勢を含む東シナ海情勢について深刻な懸念を改めて表明し、日本の排他的経済水域（EEZ）に設置されたブイの即時撤去を求めた。だが、もちろん中国側の反応はない。安全保障では中国が日本の申し入れを何とも思っていないことが明白だ。着々と中国は機をうかがっているとみていい。

他方、台湾総統選で野党が勝利した場合、中国との対話路線であるので、習氏の台湾統一には好都合だ。「一つの中国」の名のもとに、台湾の中国への取り込みを長い時間を掛けて行うことになるだろう。当面は経済関係で、台湾企業の対中投資を促すとみられる。

安全保障面の懸念から、世界の対中投資は激減しており、中国はその穴埋めに台湾を使うだろう。これは当面は平和だが、長期的には民主主義の危機になる可能性がある。

習主席にとって大誤算だった台湾総統選

2024年1月13日に投開票された台湾総統選は、与党・民進党の頼清徳氏が予想どおりに勝った。頼氏が558万6019票を獲得、国民党の侯友宜氏は467万1021票、民衆党の柯文哲氏は369万466票で、頼氏の得票率は40・0%だった。

総統選と同時に行われた議会・立法院の選挙では、113議席のうち国民党が52議席、民進党が51議席、民衆党が8議席をそれぞれ獲得した。民進党が過半数を維持できなかったのは予想通りだが、国民党は第1党といっても過半数を確保できなかった。台湾の民主主義の微妙なバランスだ。

頼氏は民進党の選挙本部で、「台湾は民主主義国家の共同体にとっての勝利を収めた」と述べた。

頼氏は「現状維持」派だ。一方、野党の2人は、頼氏がかつて「自分は現実的な台湾独立工作者だ」と発言したことを取り上げていた。特に、侯氏は「民進党政権が台湾海峡の両岸に武力衝突の危機をもたらした」と、まるで中国政府のような批判を展開していた。頼氏は、近年「独立」という用語を避けていたにもかかわらず、頼氏について「独立派」というレッテルを貼ったのは中国のプロパガンダでもあった。

結果として、台湾は、中国からのプロパガンダに屈せず頼氏を選んだこととなった。台湾の民主主義はうまく機能しており、総統が国民によって選出されるようになった199

6年（任期4年）以降、3期12年の政権はなかった。今回、民進党3連勝、国民党3連敗となった初めてのケースだ。

それだけに、習近平国家主席にとっては誤算だっただろう。中国政府は開票日の夜、台湾での選挙結果について「民進党が（台湾）島内の主流の民意を代表できないことを示した」とし、「今回の選挙は、祖国がやがて必ずや統一されるという、阻止できない流れを妨げられない」とした。

一方、ブリンケン米国務長官は、「台湾の人たちがまたしても、旺盛な民主制度と選挙手続きの力強さを示したことに、祝意を表したい」と述べた。その前に、バイデン米大統領は、記者団の質問に答える形で、米国は台湾の「独立を支持していない」と答えた。この趣旨は現状維持を望むということであるが、あえて記者団が独立を支持しないと吹っ掛け、それにバイデン大統領が応じたという次第だ。

今後、中国からの台湾統一に向けた挑発のレベルは高まるだろうが、当分の間、行動に大きな変化は出てこないと考えられる。というのは、前述のように11月に米大統領選があるので、その帰趨《きすう》をみるか、その間隙を狙うのが合理的だからだ。

日本はそれまでに米大統領選の結果にかかわらず、アジアの安定のために相応の負担の覚悟が求められる。というのは、米国は、ウクライナ、中東と台湾で「三正面作戦」を強いられており、この３つに同時に対応することはできないからだ。日本が平和ボケでいることはあり得ない。

中国が台湾を力で統一する日 ロシアの国連ルール破りが参考に

２０２４年２月に台湾の離島、金門島周辺の海域で違法操業していた中国の漁船が、台湾の海巡署の取り締まり中に転覆、漁民が死亡したのをきっかけに、中国海警局の艦艇が巡視活動を行うなど威嚇を強めている。王毅共産党政治局員兼外相が主宰した「対台湾工作会議」では、「『台湾独立』の分裂行為に断固として打撃を与え、外部勢力の干渉を阻止する」との方針が示されたが、中国と台湾の緊張はさらに高まるのか。日本はどのように対処すべきか。

習近平国家主席は3期目の目標として「台湾統一」を掲げており、これを絶対に成し遂げるとしているが、結果としては台湾の現状変更になる。しかし、台湾の頼清徳副総統は「現状維持」を公約として総統選を制した。「現状変更」か「維持」かでは大きな差がある。この差は話し合いによって埋まる可能性は少ないので、残念ながら、力による解決とならざるを得ないだろう。

力による現状変更は、国際社会のルールでは認められていない。だが、国連の常任理事国であるロシアがそのルールを破り、ウクライナを侵攻した。

中国としては、ロシアによるルール破りを相当研究しているはずだ。中国が力による現状変更として台湾統一に踏み切った場合、国際社会からどのような制裁を受けるのか。台湾に対してどのような支援があるのか。最終的に現状変更が成功するのかどうかを見極めているだろう。

何度も言うが、ポイントとなるのは11月の米大統領選だ。「ジョー・バイデン大統領対ドナルド・トランプ前大統領」の様相だが、どちらが中国の野望達成に好都合なのか。米議会は超党派で中国に厳しいが、やはり米政府のスタンスの差は大きい。もしトランプ氏が大統領に返り咲いた場合、ビジネス的には対中国で強硬姿勢だが、安全保障面では中国と対峙せずに、「台湾のことはアジアに任せる」と言い出しかねない。「ウクライナのことは欧州でやれ」というのと同じロジックだ。

トランプ氏は、イスラエルについて関与するのは確実だ。となると、「台湾はアジアの問題」と言いかねないのだ。

となると、中国は11月の米大統領選の帰趨がはっきりするまで、簡単には力による現状変更はやらないのが得策だろう。

「台湾有事」になれば、「日本有事」にならざるを得ない。さらに、台湾のことはアジアの問題となれば、日本が前面に立たざるを得なくなる。そのうえ、北朝鮮も韓国に対する敵意をむき出しにして、軍事力に自信を持ち、韓国との対立も辞さないと考えているフシもある。米国が自国優先主義でアジアに本腰を入れず、韓国も北朝鮮対応で忙しいとなると、日本のアジアにおける役割は重大だ。

これまで日本は安全保障で厳しい判断をしなくてもよかったが、今回はそうもいかない。非核三原則の見直し、核共有の実施、米国、英国、オーストラリアの安全保障の枠組み「ＡＵＫＵＳ」への参加など、これまでタブーとされてきた難題を検討し、まともな国防を考え、実行する絶好のチャンスと思うべきだ。

やっと出た中国恒大への清算命令
世界からの対中投資は激減

2024年1月29日、香港高等法院（高裁）が中国の不動産大手、中国恒大集団に清算命令を出した。中国の不動産不況は今後も続くのだろうか。

筆者は、これまで中国の司法がまともに機能していないことを指摘してきたので、やっと出たというのが、最初の感想だった。

普通の民主主義先進国であれば、司法は独立していて、債務超過なら破綻の認定をする。債務超過企業を放置すると、企業間で疑心暗鬼が広がり取引ができなくなって、健全な企業まで巻き込まれて、経済全体の大きなマイナスになるからだ。

いうなれば、裁判所の破綻認定は、破綻している債務超過企業とそれ以外を峻別し、債務超過企業には適切な破綻処理を促しつつ、それ以外の健全な企業との取引を阻害しないようにして、社会全体をうまく運営するために必要な措置だ。

ところが、中国などの専制主義国家では、司法も十分に独立していないので、指導者のメンツが優先され、司法による破綻処理は回避や隠蔽されがちだ。専制主義には、こうした欠陥があるので、筆者が再三指摘しているように、まともな経済発展はしにくい。

具体的には、英エコノミスト誌が公表している「民主主義指数」（最低が0、最高が10）が「6」を超えないと、1人当たり国内総生産（GDP）が1万ドルを長期的に超えるのは難しく、6以上になると民主主義指数に比例して1人当たりGDPは増加するというものだ（ただし、産油国は除く）。（182ページ参照）

今回の香港の高裁の清算命令について、まず法的な面での問題は、中国本土がどうなるのかだ。裁判所には管轄権があり、恒大集団の多くの資産が香港ではなく中国にあれば、清算といっても中国の資産をバラさないとできないので、実効性は限定的になる。この問題もあるので、香港の高裁が清算命令を出せたともいえる。しかし、本来であれば、3年前に恒大集団が債務超過であるのはわかっていたので、あまりに遅すぎるともいえる。

仮に、中国本土の恒大集団の資産に手が出せないとすると、今回の清算命令では恒大集団の債権者はほとんど回収できない。その一方、恒大集団は資産の大半を守ることができ、著しく不平等になる。また、少ない回収対象資産をめぐって、血みどろの争いが繰り広げられるかもしれない。

いずれにしても、民主的な清算手続きの欠如は、やはり中国は専制主義で、民主主義と違うレールを走っていることを世界に改めて示している。

その結果、今でも減少傾向にある対中資本取引をさらに減少させることとなり、世界からの対中投資は激減するだろう。

恒大集団に対する清算命令は氷山の一角だといえる。その他の企業に対する司法の破綻認定がないと、不動産取引では相変わらず疑心暗鬼が継続する。となると、不動産取引は中国のＧＤＰの３割程度を占めるといわれるので、中国ＧＤＰは低迷するだろう。

表向き、中国のＧＤＰは成長しているような統計数字であるが、とても信用できない。

「長期経済停滞」に入った中国が日本の足を引っ張る

●中国の傍若無人な振る舞い

５月27日、韓国ソウルにおいて、日本、中国、韓国の３か国による首脳会談が行われた。日中韓首脳会談は、三国間関係の冷え込みや新型コロナウイルスなどの影響で２０１９年12月以来開かれておらず、４年半ぶりの第９回目の開催だ。

その成果は、日中韓の自由貿易協定（ＦＴＡ）の実現に向け、政治的解決のために前向きに努力し、交渉を加速するための議論を続けることで一致。一方、北朝鮮による核・ミサイル開発などに対する具体論については何も成果がなかった。

しかも、このＦＴＡはあまり意味のない枠組みだ。というのは、ＲＣＥＰ《アールセップ》（地域的な包括的経済連携協定）というのがあり、既に日本・中国・韓国のほかオーストラリア・ニュージーランド・ＡＳＥＡＮ10か国の15か国が参加している。

５月26日には、岸田首相と李強首相による日中首脳会談も行われた。しかし、懸案の原発処理水の海洋放出、中国による邦人拘束、尖閣諸島のＥＥＺ内でのブイ設置などではまったく平行線だった。

その一方、中国による傍若無人の振る舞いは後を絶たない。台湾の頼清徳総統が就任式を行った20日、駐日中国大使は日本を「恫喝」する発言を行った。

産経新聞の報道によれば、中国の呉江浩駐日大使は20日、台湾の総統就任式に日本から国会議員30人超が参加したことに対し、日本が「台湾独立」に加担すれば「日本の民衆が火の中に連れ込まれることになる」と警告した。東京都内の在日本中国大使館で開いた台湾問題に関する「座談会」で語ったという。

●日本の民衆が火の中へ発言

そもそも、頼総統はこれまで現状維持しか主張していない。それを独立派というレッテル張りするのは間違っており、おかしい。戦後80年近くの現状を変更しようとしているのは、3期目に入り台湾統一を野望としている習近平主席のほうだ。

習近平氏は平和的に統一すると一応言っているが、武力での統一も否定していない。頼総統の任期は２０２８年5月までだが、習近平氏の3期目は形式的には２０２８年3月まで、まるまる頼氏の任期に重なってしまう。これが中国の苛立ちの原因だろう。

日本としては、力による現状変更は認めないというスタンスが重要だ。これは普遍的な原理なので、国際社会からも理解が得やすい。

この原理からみれば、呉駐日中国大使の意見は、台湾のみならず日本にも武力行使するという意味合いがあり、あまりに酷い。

松原仁衆議院議員は、「政府はウィーン条約に基づき呉氏の追放を。駐在国内での戦火を仄めかし恫喝する者に外交官の資格などない」とポストした。その通りだ。

呉駐日大使は昨年も同様の発言をし、そのときも、当時の林外相が「極めて不適切」であり「外交ルートを通じて厳重な抗議を行った」と国会答弁している。

松原氏は「日本の民衆が火の中という内容も酷いが、日本政府の正式な抗議を無視し発言を繰り返した意図は極めて悪質。『ペルソナ・ノン・グラータ（好ましからざる人物）』として追放するのが当然だ。」とポストした。度重なる暴言に対して、外務省はどう対応するのか。

万が一、武力による現状変更が行われた場合、台湾有事は日本有事でもある。その意味は、台湾有事の場合、尖閣諸島、南西諸島が自動的に有事に巻き込まれるとともに、日本の経済的な死活を左右するシーレーンが脅かされるという意味もある。

この意味で、台湾の頼総統がいう現状維持を守ることは、日本の国益でもある。

20日に在日本中国大使館で開かれた座談会には鳩山由紀夫元首相や社民党の福島瑞穂党首が参加。鳩山氏は「日本は台湾が中国の不可分の一部であることを尊重しなければならない」と呉氏の主張に同調したと報じられているが、これは日本の国益を損なった。

2009年の民主党政権では、鳩山氏が首相で福島氏が閣僚だったわけで、本当にとんでもない政権でまさに悪夢だったといえるだろう。

●靖国神社の落書き事件も

民間人でも酷いことがあった。6月1日午前6時20分ごろ、東京都千代田区九段北の靖国神社で石柱に、英語で「トイレ」と落書きされたのが見つかり、警視庁麴町署は器物損壊の疑いで捜査している。ネット上では、石柱に向かって放尿するような仕草も投稿され、男が東京の街中を歩く姿も確認できる。

その後、この犯人は中国人ユーチューバーであることがわかったが、国内にいれば逮捕、中国に戻っていても犯人引き渡しを中国政府に要求すべきだ。

●中国の余剰生産品が日本にやってくる

他方、世界は中国に対する見方が厳しくなっている。米政府は5月14日、中国製の電気自動車（ＥＶ）などに制裁関税を課すと発表した。

対象品目（カッコ内は税率の変化）は以下の通り。電気自動車（25％→１００％）、鉄鋼・アルミニウム（０～７・５％→25％）、リチウムイオン電池（７・５％→25％）、重要鉱物（０％→25％）、太陽光パネル（25％→50％）、半導体（25％→50％）、港湾クレーン（０％→25％）、医療用注射器・注射針（０％→50％）である。

米国は昨年、対中輸入は４２７０億ドル（64兆円）、対中輸出は１４８０億ドル（22兆円）だったが、今回の措置は対中輸入１８０億ドル（２・７兆円）が対象になる。法的根拠は１９７４年通商法の３０１条で、トランプ政権では同法を根拠として関税を課したが、それを維持しながらそれをはるかにこえる高関税を中国に課そうとしている。

ホワイトハウスは声明で、中国の不公正な慣行により、世界の市場に安価な製品が氾濫しており、米国の「経済安全保障」に対する「容認できないリスク」になっていると表明。米国家経済会議（NEC）のブレイナード委員長は「生産能力が過剰になっているにもかかわらず投資を続け、不公正な慣行で低価格に抑えた輸出品を世界の市場に氾濫させている」と述べた。

中国は補助金や政治的な命令を駆使して同国を世界最大のEV生産国にした。ただし、過剰生産が祟り、中華製のEVは米国をはじめとした世界に溢れている。太陽光パネルも、ウイグル労働者を食い物にして世界を席巻している。

その結果が今回の関税引き上げになっている。トランプ政権になると一部の関税はさらに高まる可能性もある。

日本への影響は深刻だ。米国向けEVや太陽光パネルが日本向けになるかもしれない。バイデン政権の対中関税引き上げに伴い欧州でも追随する動きも出てきている。日本でもEVへの補助金や太陽光発電の高額買い取り価格など、再エネ政策をやっている場合ではない。それらの再エネ政策見直しとともに、米国にならって高関税を導入する必要が迫られている。でないと、中国の余剰生産品が日本になだれ込むかもしれない。

いずれにしても、中国経済を牽引してきた輸出は抑えられるだろう。そもそも、中国の内需は不良債権問題で四苦八苦しており、打開の目途が立たない。

●中国はデフレではなく「長期経済停滞」へ

中国での不良債権問題の全容はまったくわからない。ＩＭＦが対中国審査を行っても、データが出てこない。一説によると、不良債権のＧＤＰ比は２００％にもなるといわれ、これは空前絶後の数字だ。１９７０年以降の世界各国の経験では平均20％程度で、日本も平均的だったが、中国はその10倍なので、言葉を失ってしまう。

これを解決しない限り、まともな経済発展はあり得ないが、はたして今の習近平独裁体制でできるだろうか。というのは、普通の先進国では司法が独立しており破綻認定ができる。破綻認定ができれば取引相手が破綻でないと峻別できる。しかし、中国では司法の破綻認定という基本が出来ていない。

また、共産主義は生産手段（土地、企業）の国有を原則とするので、不動産取引も株式取引も中国のやり方は民主的な先進国とは似て非なるものだ。本来あり得ない、共産主義下のなんちゃって不動産・株式取引の大いなる矛盾が出てきたと筆者はみている。

こうした観点からみると、中国はデフレになるというより長期経済停滞に突入していく

民主主義指数と1人当たりGDP(2000~2019年平均)

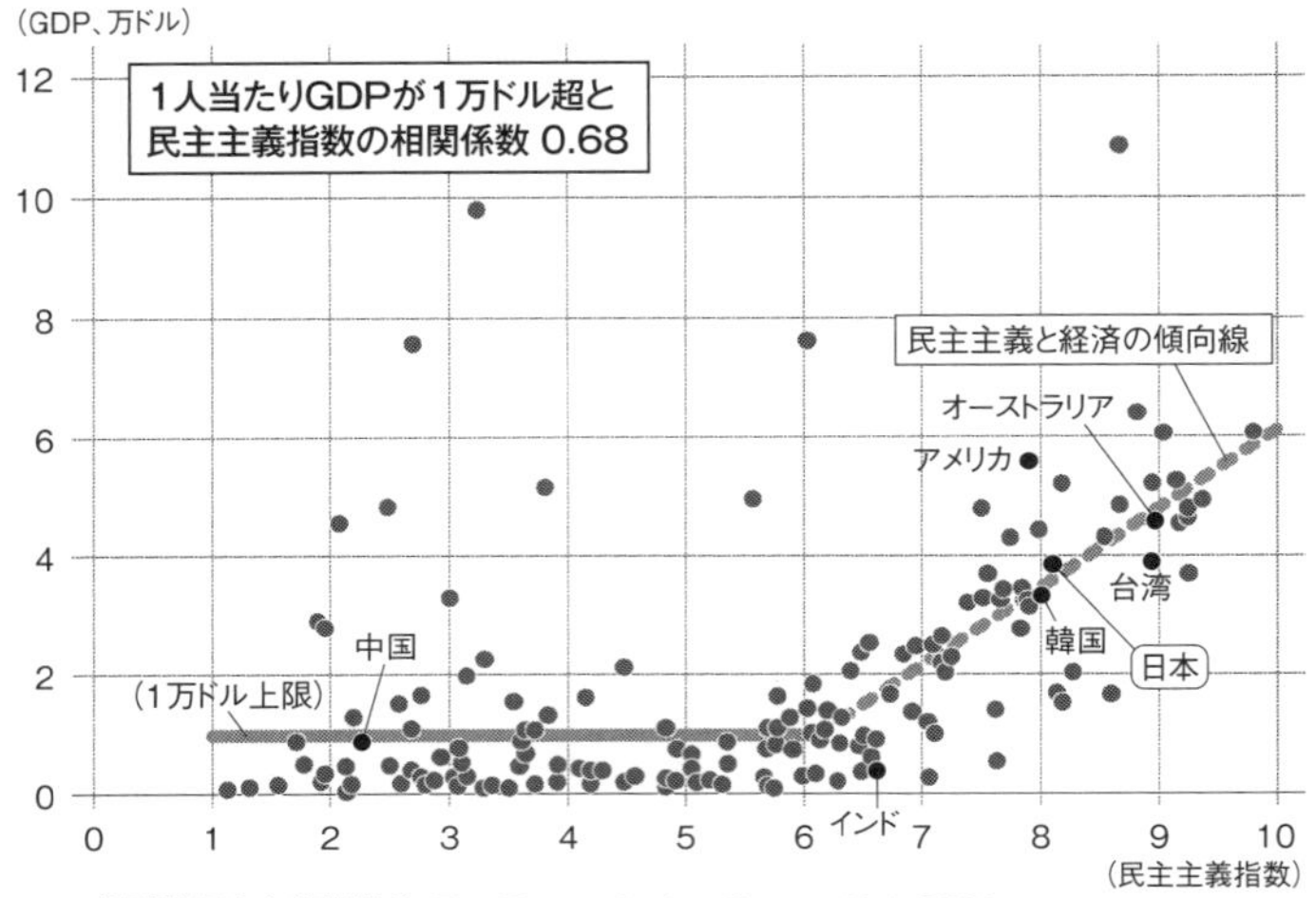

(資料)民主主義指数は、The Economist Intelligence Unit 2020
1人当たりGDPは、IMF 2017 constant dollar

のではないだろうか。

これは、学者としては興味深い。この問題を考えるために、本コラムで再三紹介してきた民主主義と経済成長を整理しておく。

政治的な独裁は、自由で分権を基調とする資本主義経済とは長期的には相容れないのは、ノーベル経済学賞学者であるフリードマンが50年以上も前に『資本主義と自由』で喝破している。

筆者は、このフリードマンの主張について、独裁的な政治では民主国家にならず、ある一定以上の民主主義国にならないと、一人当たりGDPは長期的には1万ドルを超えにくいという

「中所得国の罠」という形で独自の解釈をしている。

定量的にいえば、英エコノミスト誌の公表している民主主義指数で６未満だと一部の産油国などを例外とすれば１万ドルの壁を越えず、６以上になると民主主義度に応じて高まり10で６万ドル程度になる傾向がある。

●成長しない中国との付き合い方を考え直すべき

筆者は、こうした経験則から、中国の民主主義指数は２程度しかなく、現在の中国は１万ドル程度だが、１万ドルを長期に超えることはできず最後は民主主義対非民主主義の覇権争いに負けるだろうと予測してきた。

現在の中国の人口は14億人なので、ＧＤＰは14兆ドル。今後25年で人口は13億人、一人当たりＧＤＰも頭打ちの公算が高いので、ＧＤＰは13兆ドル程度から大きく増加することはないだろう。

要するに、中国が一党独裁を続けようとすると、中所得国の罠にはまり、長期的な成長はできなくなると筆者は睨んでいる。

そろそろ日本も専制国家である中国との付き合い方を考え直したほうがいいだろう。

日中「戦略的互恵関係」が復活？日本の中途半端な姿勢は評価されず

外務省による2024年版の『外交青書』で、日本と中国の「戦略的互恵関係」を推進すると5年ぶりに明記された。

外交青書は4月16日の閣議で報告されたもので、23年1月から1年間の国際情勢の推移や日本の外交についてとりまとめたものだ。

この中では、国際情勢について、ロシアによるウクライナ侵攻や、イスラエル・パレスチナ情勢の悪化などで対立構造が複雑化する中、グローバル・サウスと呼ばれる新興国や途上国が台頭し、国力に見合う、より大きな影響力を求め、発言力を強めているとしている。

また中国については、日本産水産物の輸入停止措置など多くの懸案を抱えているとしつつも、双方が共通の利益を拡大していく「戦略的互恵関係」を推進し、建設的で安定的な日中関係の構築を双方の努力で進めていくことが重要だとしている。

この「戦略的互恵関係」は、2006年に当時の安倍晋三首相が打ち出したものだ。その後、日中関係の冷え込みを受けて使用されていなかったが、岸田文雄政権では日中平和友好条約の締結から45年の節目となった去年の日中首脳会談で改めて確認したことを受け、5年ぶりに明記された。

もっとも、外交青書の中身をみると、福島第1原発の処理水問題をはじめとして、対中問題が山積みであり、対中批判をせざるを得ない個別問題が並んでいる。

中国の報道官も「中国脅威論を言い立て、中国の内政に干渉しており、断固反対する」と反発した。青書が「台湾海峡の平和と安定」に言及したことや、東・南シナ海で中国による一方的な現状変更の試みが続いていると指摘したからだろう。

「戦略的互恵関係」については、この言葉を逆手に取り、日本側の努力を求めているというありさまだ。

外務省としては、個別問題で中国批判が並びすぎたので、それらを和らげる意味で「戦略的互恵関係」を持ちだしたのだろう。しかし、5年前と国際情勢があまりに変化しており、いまさら「戦略的互恵関係」を持ちだしても、西側陣営からも当然違和感があると思われるだろうが、中国側も評価できなかったのではないか。

先の日米首脳会談で、日本は米国の「グローバルパートナー」と言い切ってしまったのだから、今さら中国に配慮したところで、中国からも評価されず、西側陣営からも評価されない。中途半端なことをやっても、意味がないように筆者にはみえる。中国に秋波を送っても、日本のスタンスに隙があり、首尾一貫せず覚悟ができていないと思われるのが関の山だろう。

なお、『外交青書』では、北朝鮮による拉致問題について、去年の「時間的制約のある人道問題」から「ひとときもゆるがせにできない人道問題」と表現を強めている。

韓国については、関係改善を反映して「パートナー」という表現を14年ぶりに使用している点にも注目したい。

香港「国安条例」で中国化が加速スパイ容疑で邦人拘束も

日本の国会にあたる香港立法会は3月19日、「国家安全維持条例法案」を全会一致で可決し、23日に施行した。

香港政府は3月8日に立法会に条例案を提出、同日に審議を開始し、わずか11日程度でのスピード可決となった。

香港基本法第23条は、香港政府自身が、国家反逆、分離、扇動、中国政府に対する破壊行為などを禁じる法律を制定するよう義務付けている。今回成立した条例は、「国家反逆」「反乱」「国家機密およびスパイ活動に関する犯罪」「国家安全を脅かす妨害行為」「国家安全を脅かす活動をする外部勢力と組織」――の5つの分野を犯罪の対象として処罰することを可能とする。

中国本土も同じであるが、法適用の範囲が恣意《しい》的であり、国安条例は国家の安全や国家秘密の範囲を行政長官が決められると規定している。

条例は、実質的に外国人や外国組織を標的にしており、2020年、中国によって導入された「香港国家安全維持法」と補完的な関係になっている。そのため、中国本土で現在起こっているスパイ容疑での邦人拘束が香港で生じてもおかしくない状況になる。香港に進出していた日本企業もこれまでの方針を変更せざるを得ないだろう。

香港はこれまでの歴史的経緯もあったので別な扱いと思われてきたが、今や中国本土と同じである。当然ビジネスへの影響もあるはずだ。

●日本は金融ハブの座奪う好機

同時に、これで、香港の経済回復はますます遠のき、金融ハブとしての国際的地位を損ねるのは確実だ。中国が香港の一国二制度を反故《ほご》にしたときに、香港が中国並みになることは予想されたとはいえ、予想以上のスピードで達成されつつある。

筆者は前述のようにしばしば「民主主義指数」を取り上げ紹介している。エコノミスト・インテリジェンス・ユニット研究所が公表している0から10までのランク付けだ。

167か国中1位はノルウェーで9・81だ。G7では、12位がドイツで8・80、13位がカナダで8・69、16位が日本で8・40、18位が英国で8・28、23位がフランスで8・07、29位が米国で7・85、34位がイタリアで7・69だ。

一方、香港は88位で5・24、中国は148位で2・12、北朝鮮は165位で1・08だ。

かつて香港の民主主義度は、ギリギリ先進国で最下位レベルの6程度だったが、今回の条例を含め、一連の一国二制度からの離脱により、中国レベルに収斂《しゅうれん》していくだろう。と同時に、金融ハブとしての金融市場の地位は望めない。どこがその代替をするのか。日本としては絶好のチャンスでもある。

もちろん、外国人の受け入れについては慎重になるのは当然だ。それは前提としつつ、香港からの脱出者について、台湾では引き受けない方針なので、欧米や米国に向かっているという状況で日本は何をすべきか。

例えば一定の厳格な審査の上、引き受けて、香港の金融市場の地位を取ってしまうという戦略もあるだろう。

第6章

教育・子育て
ヒトへの投資

財政緊縮派が日本の「教育」をめちゃくちゃにした

●世界の「豊かさランキング」が示す「わが国の失敗」

国連開発計画（UNDP）は2023〜24年版の『人間開発報告書』を発表した。国民生活の豊かさを示す「人間開発指数（HDI）」の世界ランキングで、2022年の日本は24位となり、前回21〜22年版の23位から後退したと報じられている。指数が意味するのはなんだろうか。

HDIにおける「教育水準」は期待就学年数・平均就学年数、「健康・寿命」は平均寿命、「所得水準」は購買力平価ベース一人当たりGNI（国民総所得）で測定されている。一人当たりGNIという所得だけでみるのでなく、教育と健康を加味した指標になっていて、1998年に唯一のアジア人ノーベル経済学賞を受賞したインド人経済学者のアマルティア・セン及びパキスタン人経済学者のマブーブル・ハックが1990年に開発したものだ。

《HDI（人間開発指数）における日本の順位の推移》

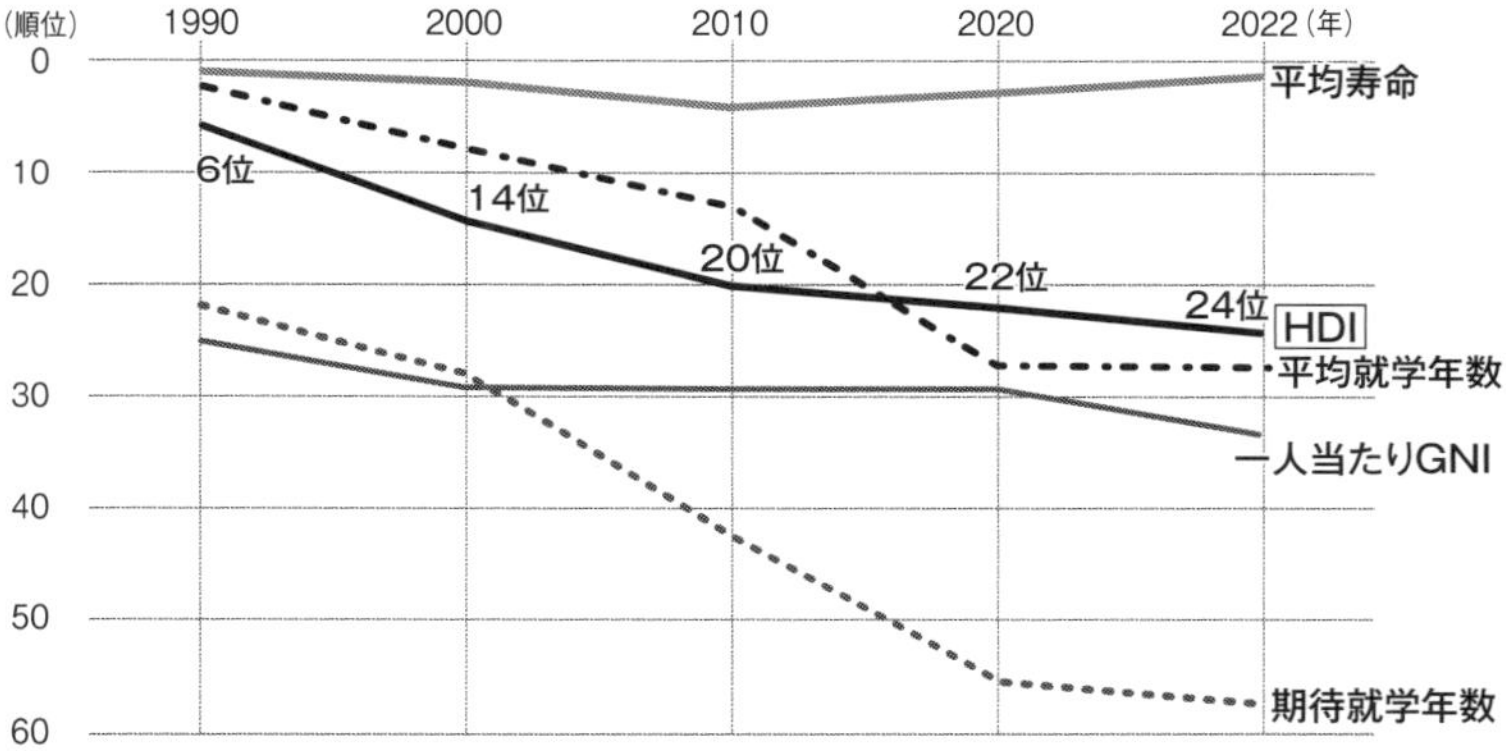

（資料）国連開発計画

ここにおける「教育の期待就学年数」とは、就学年齢の子供が受けることが期待できる学校教育の年数のこと。また、「平均就学年数」とは25歳以上の人々が受けた教育の平均年数である。一部、欧米諸国では生涯学習が発展していることもあいまって高い数値を出しているが、義務教育以外の高等教育などを含めると日本はそれほど上位ではない。

２０２２年のＨＤＩのそれぞれの構成要素について、日本は１９３か国中、期待就学年数57位、平均就学年数27位。平均寿命２位、一人当たりＧＮＩ33位だ。その結果、ＨＤＩは24位となっている。日本は所得だけで見ると33位だが、教育と健康を考慮すると、順位が９つ上がり24位になったと解釈できる。

HDIの指数が公表され始めた1990年、日本は142か国中、期待就学年数22位、平均就学年数2位。平均寿命1位、一人当たりGNI25位で、HDIは6位だった。その当時も、所得で25位だったのが、教育と健康で19も順位が上がっていた。

●教育関係支出をケチりすぎ

2000年では、176か国中、期待就学年数28位、平均就学年数8位。平均寿命2位、一人当たりGNI29位で、HDIは14位だった。所得は29位だったものの、教育と健康で15順位が上がっていた。

2010年では、191か国中、期待就学年数42位、平均就学年数13位。平均寿命4位、一人当たりGNI29位で、HDIは20位だった。所得で29位のままだが、教育と健康で9順位が上がった。

2020年になると、192か国中、期待就学年数55位、平均就学年数27位。平均寿命3位、一人当たりGNI29位で、HDIは22位だった。所得29位は変わらず、教育と健康で7順位が上がっていた。

最近の日本のHDIが順位を下げているのは、教育と所得で順位を落としているからだ。

《日本の公的教育費(対GDP比)の世界での順位》

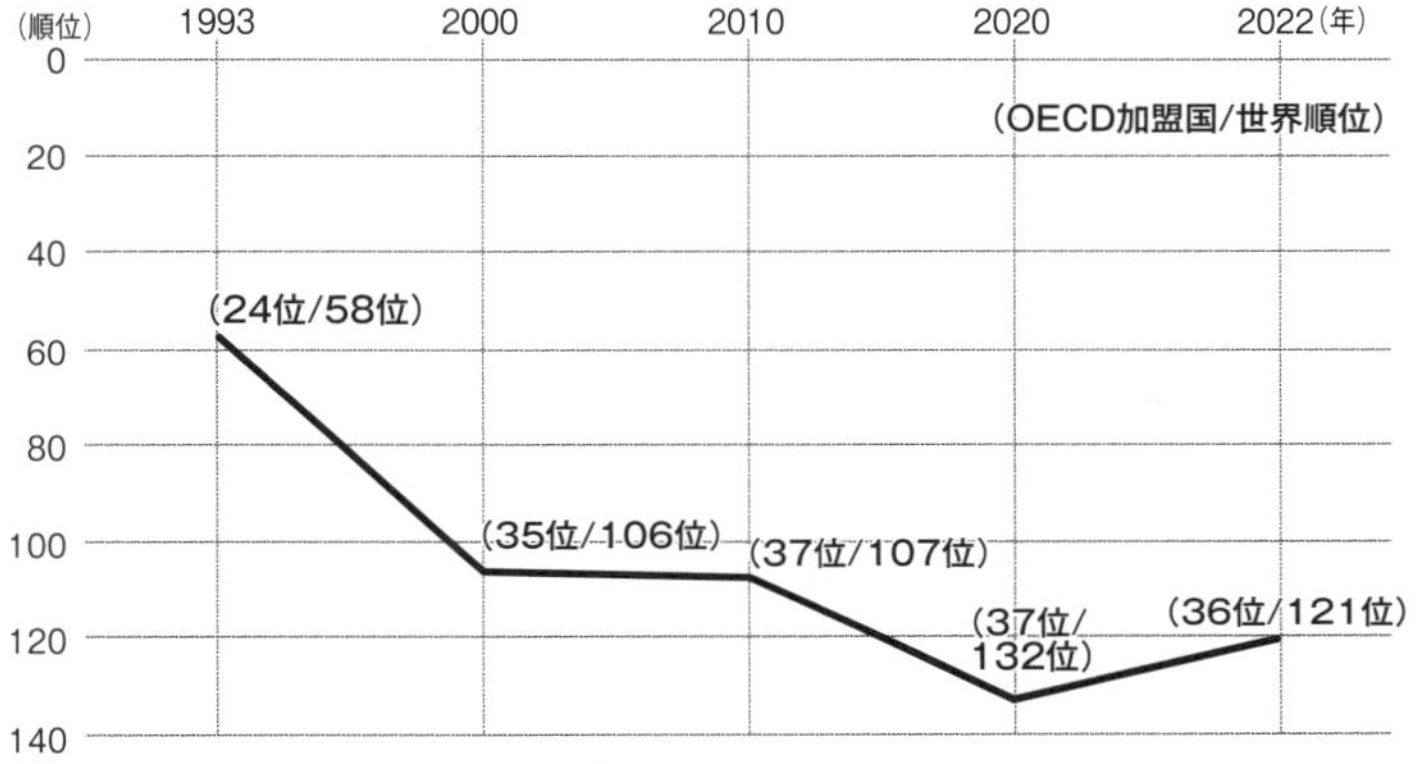

(資料)国連教育科学文化機関(UNESCO)

健康は相変わらず世界トップクラスであるが、意外なことに所得よりも教育で順位を大きく落とした。

教育関係支出について、日本が先進国の中で遅れをとっているのは、本コラムの読者であればご存じだろう。

「公的教育費の対GDP比」で日本の順位の推移をUNESCOのデータで見ると、次のようになる。

1993年：OECD加盟国28か国中24位、世界91か国中58位

2000年：OECD加盟国37か国中35位、世界168か国中106位

2010年：OECD加盟国38か国中37位、世界174か国中107位

2020年：ＯＥＣＤ加盟国38か国中37位、世界182か国中132位
2022年：ＯＥＣＤ加盟国38か国中36位、世界178か国中121位

これだけ教育関係支出をケチれば、日本の教育環境の順位も下がるのはやむを得ないだろう。教育はヒトへの投資ともみなせるが、それを怠れば日本も危うくなる。筆者が教育国債による教育関係支出を主張するのは、こうした問題意識からだ。

●諸悪の根源は財政緊縮派

財政当局は、経済成長しないから、教育支出ができなかったと言い訳するだろう。しかし筆者の見方はその逆で、モノやヒトへの投資を抑制されたために経済成長ができなかったのだ。それは財政危機だという誤った認識に起因する。モノは公共投資で、ヒトは教育関係支出だ。

本書第3章で説明したが、財政緊縮派が一部のデータを用いて日本の財政状況はＧ７最悪だと喧伝しているが、それは誤りだ。筆者はＩＭＦが算出した統合政府バランスシートから、日本の財政はＧ７中２位で健全だとまったく見方が異なっている。ここに諸悪の根

源があると思う。

その典型は、１９９７年の「財政構造改革法」だ。同法は、形式的には凍結法が出されたが、財務官僚はいまだに正しいのに政治で凍結されたと信じ込んでいる。財務官僚の心の中にはしっかりと財政構造改革法が刻み込まれており、骨太方針などの政策企画段階ではしばしば表面化する。しかし、法的にはありえないので、緊縮行動がステルスになるというのは始末に負えないものだ。

また、金融政策も酷かった。あるテレビ番組で、デフレはいつから始まったのかという質問があった。デフレの国際的な定義は、２期連続での物価下落と定められている。物価とは一国経済の話なので、消費者物価と企業物価を合わせたＧＤＰデフレータでみるのが普通で、それをみると、１９９５年からとなる。それ以来、平成の大半はデフレというわけだ。

その原因は、バブルではなく、バブルの潰し方だった。バブルには原因がある。その当時、価格が高騰していたのは株と土地だけだ。筆者の見るところでは、これは株式に関する税制上の抜け穴が主要因で、それを利用した証券会社や金融機関の「財テク」商品が開発され、株と土地がバブルを形成していった。

株と土地だけの話なので、証券会社の「財テク商品」（当時「営業特金」といわれた）と金融機関の不動産融資を規制すればよかった。当時、役人であった筆者は証券会社の規制を担当し、その規制は1989年12月に出された。金融機関規制も1990年3月に出た。それで終わりでよかったはずなのだ。

●日銀官僚の無謬性がデフレを続けた

ところが、「平成の鬼平」と持ち上げられた日銀の三重野康総裁は、バブル潰しのために金融引き締めを行った。当時のインフレ率は3％以下だったので、もし今のインフレ目標が導入されていれば過度な引き締めは不必要という状況だった。

この話について、筆者はベン・バーナンキ氏に聞いたことがある。彼は「株などの資産価格だけが上昇しているとき必要なのは資産価格上昇の原因の除去であり、一般物価に影響のある金融政策の出番でない」と答えた。そもそも一般物価に資産価格は含まれていないので、日本のバブル退治に金融政策はお門違いだ。

しかも、日銀官僚の「無謬性」（間違いはないとの過信）から、バブル後の金融引き締めが正しいと思い込んだので、その後のデフレ不況が継続した。

もっとも、この点は、アベノミクスでかなり払拭された。しかし、植田日銀になってから、少しずつ先祖帰りしているようだ。

実は、1980年代後半のバブルのマクロ経済状況はよかった。1987〜90年のインフレ率（生鮮食品を除く消費者物価総合、前年同月比）は▲0・3〜3・3%、失業率は2〜3%と、それぞれ申し分のないパフォーマンスだ。株価と土地だけが異常な値上がりだったのである。

上に述べたように、その後緊縮財政と金融引き締めを行ったのがまずかった。さらにまずいのは、アベノミクスでその呪縛が一部解かれたが、いまだに緊縮派が健在していることだ。

現役世代に負担を増やす「子育て支援金」の矛盾

岸田文雄首相は「子ども・子育て支援金」について、健康保険料に上乗せされる徴収額が、加入者1人当たり「月平均500円弱になる」と述べた。歳出改革と賃上げで実質的な負担増がないとしているが、支援金という方式は妥当なのか。

かつて自民党若手から、子育て支援の財源として「こども保険」が提言された。「保険」とは、偶然に発生する事象（保険事故）に備えるために、多数の者（保険契約者）が保険料を出し、事象が発生した者（被保険者）に保険金を給付するものだ。

少子化対策は子供の保育や教育に関するものなので「偶発事象（保険事故）」は子供が生まれることになるだろう。「保険契約者」は公的年金の加入者、つまり20歳から60歳までの現役世代の人になり、「被保険者」は子育てする人となる。

となると、矛盾が出てくる。子育ての終わった現役世代の人には、偶発事象がまず起こりえない。これらの人は「社会保険」に入るメリットはなく、保険料を取られるだけになってしまう。

いくら保険料ではないと強弁しても、今回の健康保険料上乗せ措置は「こども保険」の別型だ。つまり、負担と給付の関係に齟齬《そご》が出てしまうし、現役世代の負担を増やして少子化対策になるわけがない。

子育て支援について、本来は税金を財源にしたいが、世間の反発がある。だからといって社会保険料に上乗せしても、国民から徴収することにはかわりはない。

そもそも国民１人当たりの負担額「月５００円弱」はミスリードだ。保険料を負担している被保険者１人当たりの負担額について、岸田首相は「わからない」という。それにもかかわらず「歳出改革と賃上げで実質的な負担増はない」と答弁するが、どうして断言できるのか筆者にはわからない。

各種の試算では、被保険者１人当たり１０００～１５００円程度だという。要するに現役世代の負担をこれほど増やして、子育て支援するというのは冗談にしか聞こえない。官僚機構に吸い上げられて国民に戻す間に〝中抜き〟される恐れもある。

政策論からの筋をいえば、少子化対策は「未来への人的投資」として考え、国債を財源とするのが最も適切であろう。

これについては「教育国債」を紹介したことがあるが、財務省関係者の間では知られた考え方だ。便益が大きく、その効果が長期に及び、十分な資金確保が必要なので、子育て支援を税財源に依存するのは適当ではない。実は、その考え方は、財務官僚が書いた財政法のコンメンタール（条文の解説書）『予算と財政法』にも書かれている。

ただし、投資なので、効果が高く、確実なものに絞るべきだ。

企業経営の発想からみると、有効な投資であれば借り入れで賄うはずであり、企業でいえば「営業収入」である税で賄わないのと同じである。
支持率が低い政権は、何もしないほうが国民のためになることもある。

「子育て政策」の低レベル議論
野党も対抗策なし

少子化対策財源としての「子育て支援金」をめぐる法案が衆院を通過した。岸田文雄首相は「実質的な追加負担は生じない」と説明している。一方、立憲民主党は、支援金の代わりに「日銀が保有する上場投資信託（ＥＴＦ）の分配金を財源に充てる」として政府の子ども・子育て支援法改正案の修正案を打ち出したが否決された。

前述したように、政府・与党側の子育て支援金の議論は、かつて自民党の若手から出た少子化対策としての「こども保険」を想起させる。

本来「保険」とは、偶然に発生する事象に備えるために多数の者が保険料を出し、事象が発生した者に保険金を給付するものだ。仮に子供を持つことを「偶然」としても、夫婦になるのが75%程度、そのうち子供を持つのが90%程度なので、ざっくりいえば、100の保険料支払いで子供を持った人が150程度を受け取り、独身または子供を持たない人は100の保険料を取られっぱなしとなる。

子供を持つ人にとっても、100出して150受け取るのではあまり意味はないし、独身または子供を持たない人にこうしたペナルティーを与えるのは適当でないので、保険にはなじまない。そもそも、子供を持つことが偶然とも言えないという本質的な問題がある。

ここまで来ると、子育て支援を推進する勢力は、税金を財源にしたいが、世間の反発があるので、「社会保険料」や「支援金」と名前を変えて国民から徴収するというのが狙いだとバレバレになってしまう。

基本的なコンセプトが間違っているのに言い訳を重ね、ついには「子育て支援金は負担にならない」と言い出した。賃上げがあるから負担ではないとか、政府内で歳出をカットするから負担ではないという理屈だ。

賃上げがあっても子育て支援金を取られるなら負担であるし、歳出カットができるというのなら、国民に支援金を求めずとも、政府内でカネを回せば子育て対策ができてしまう。

つまりこれらは全くの詭弁《きべん》だ。

この子育て政策は、かつて自民党内で少子化対策の「子ども保険」といっていたあたりから、本質がズレまくっていたが、ついにここまできたかとあきれてものも言えない。

こんな与党の情けない議論が許されるのは、野党側の対案もまったくなっていないからだ。立憲民主党はＥＴＦの分配金を財源にすると主張したが、ＥＴＦ分配金は、すでに「日銀納付金」として一般会計に入っている。与党の体たらくをさらに上回るもので、本当にどうしようもない低レベルなものだった。

保険とはいえないのに保険と称して国民から徴収しようとする発想が情けない。堂々と増税を掲げたり、既存経費を削減するというほうがまだましだ。

筋論をいえば、少子化対策が本当の目的であるならば、未来への人的投資として考え、国債を財源とするのが最も適切であろう。

少子化問題は解決可能なのか移民も万能ではない

日本の２０２３年の出生数は75万８６３１人で過去最少、婚姻数は48万９２８１組で戦後最少となった。一方で韓国の出生率も0・72と過去最低を更新している。

世界銀行の22年人口統計によれば、世界217か国・地域の人口増加率でマイナスのところは43もある。先進7か国（G7）でも、日本、イタリア、イギリスが該当する。ほかにもウクライナ、ブルガリア、セルビア、ポーランド、ギリシャ、ベラルーシ、クロアチア、ハンガリー、ルーマニア、スロバキアなどの東欧諸国や台湾、韓国、中国などのアジア諸国がある。なお、日本の人口増加率は196位、韓国は181位だ。

21年のデータでは、世界212か国・地域中、ほとんどの先進国を含む112か国・地域で、人口維持に必要な出生率とされる「2・1」を切っている。そのなかで日本は197位、韓国は211位だ。

こうしてみると、出生率の低下および人口減少は、先進国を含む世界的な現象だ。フランスやスウェーデンなどの個別事例が少子化対策の成功例として取り上げられることもあるが、実際には、少子化対策だけでなく、移民が出生率をある程度押し上げている面もある。それは、移民がほとんどいない東欧や東アジアで急速な人口減少が起こり、移民が多い欧州では緩やかな人口減になっていることからもわかる。

金銭的な政策は、効果なしとは言わないが、目立ったものはあまりない。しかも、その効果も持続的でない。実際、成功例といわれる国でも近年の出生率は低下している。

この意味で、少子化対策について成功例は世界を探してもほとんどないといってもいい。もし顕著な成功例があるのであれば、いろいろな国で採用されているだろう。

移民も、出生率の引き上げについて万能ではない。オランダやアイスランド、デンマークのように例外もある。オランダは移民が多い国だが、「移民」と「非移民」との間で出生率に大きな違いはみられない。アイスランドやデンマークは、移民が国全体の出生率を引き下げている。

さらに、移民は社会不安を増加させるという強烈な副作用があるし、社会保障政策では大きなマイナス効果がある。

日本も韓国も、他の世界の国と同様に少子化・人口減少から逃れられないだろう。

少子化政策には、出産に対する現金給付のインセンティブや育児休業の拡充、保育の無償化や補助金の支給があるが、どこの国でもこれまでの成果を見る限り限定的な効果しかない。これらは一般的な福祉政策として否定されるべきではないが、出生率向上になるか、ならないかはやってみなければわからないと割り切ったほうがいい。

むしろ人口減を所与として、60代や70代の人々が働き続けられるようにする政策や機械化・ＡＩ（人工知能）化などの投資を伸ばすといった社会システムの制度設計をしたほうがいい。人口減は、人口増の混雑問題より対処が容易だ。

周回遅れの「外国人との共生」欧米社会では破綻が顕著

「技能実習法」と「出入国管理・難民認定法」などの改正が国会で審議されている。どのような制度改正が行われるのか。海外の事例などから、どのような事態が生じる懸念があるだろうか。

技能実習法の改正では「技能実習」を廃止し「育成就労」とするとしている。次に、育成就労は試験などの条件を満たせば最長5年就労できる特定技能「1号」、その後に在留資格の更新に制限がない「2号」になることも可能だ。「2号」は家族を帯同でき、将来は永住権も申請できるとしている。

これで永住者は増加することが予想される。一方で、税金や社会保険料の未払いなどがある永住者については、国内での在留が適当でないと判断すれば許可を取り消すこともできるようになる。

いまの悪名高い「技能実習」がなくなるので、良い改正にみえる。もっとも、これまでの「技能実習」は、「国際貢献」を建前として、本音は「安価な労働力としての外国人受け入れ」だったが、今回の改正で、本音が前面に出てきただけだともいえる。

筆者が思うに、育成就労（以前の技能実習）から特定技能、さらに永住権という流れは問題を抱えている。この流れがあるので、今回の技能実習法と出入国管理法改正は、実質的に「移民法」に見えるわけだ。

先進国なら、外国人の受け入れは、短期と長期に区別されている。それが、今回の改正では、育成就労（現在の技能実習）から特定技能、さらに永住権という流れがあり、その間に試験などの条件があるとはいえ、短期と長期の区別がなし崩しになっている。

今回の制度改正のベースになっているのは２０２３年11月30日に公表された法務省の報告書だ。そこには「外国人との共生社会の実現」に向けた取り組みが書かれているが、これは周回遅れの政策だ。今、欧米では共生社会を目指したツケが生じている。一部の国とは文化・風習が違いすぎるので、共生はできず、外来種に在来種が駆逐されるような事態が起きているのだ。

百歩譲って、外国人の受け入れが経済成長に資するのであれば、いろいろな対応ができるだろう。一般的に外国人を受け入れると、国内の社会保障制度へのマイナスのダメージがあるが、経済成長でマイナス面を補うのであれば、外国人受け入れという対応はあり得る。

そこで、移民人口比と経済成長の関係を調べてみた。国連のデータでは、２０１０〜22年の平均データにより、各国の移民人口比と経済成長をみると、移民人口比が高くなれば経済成長率が上昇するという関係にはなっていない。ただ、移民人口比が高くなると経済成長しなくなるとまではいえない。

筆者の観点からは、外国人の受け入れでは社会保障の適用などについて「原則相互主義」を導入すべきだと思っている。でないと、日本の社会保障が崩壊させられてしまう。

数字は都合よく使われる「ロシア経済」とジェンダー指数

●ビッグマック指数なら「円高」

プーチン大統領は、「ロシアの購買力平価での経済規模は日本を抜いて世界4位になった」と述べたと報じられた。そのカラクリを紐解いていこう。

まず、各国のGDPはそれぞれの自国通貨建てだが、それらのデータを比較するために、共通の通貨に換算しなければならない。基軸通貨であるUSドルに換算することが一般的だが、その方法は二つに大別できる。

一つは市場為替レートを使用するもので、外国為替市場の実勢レート（期末レートまたは期間平均レート）を使用する。

もう一つは購買力平価（PPP）為替レートを使う。これは、それぞれの国で同額の財やサービスを購入する場合、自国通貨建てとドル建てがあるが、その比率を為替レートと

《市場レートとPPPレートによる名目GDP》

World Bank市場実勢レートベース（2022）		IMF市場実勢レートベース（2022）	
アメリカ	25兆4397億ドル	アメリカ	25兆7441億ドル
中国	17兆9632偉ドル	中国	17兆8485億ドル
日本	4兆2564億ドル	日本	4兆2564億ドル
ドイツ	4兆 824億ドル	ドイツ	4兆 856億ドル
インド	3兆4166億ドル	インド	3兆4166億ドル
イギリス	3兆 890億ドル	イギリス	3兆1001億ドル
フランス	2兆7790億ドル	フランス	2兆7804億ドル
ロシア	2兆2404億ドル	ロシア	2兆2722億ドル
カナダ	2兆1614億ドル	カナダ	2兆1614億ドル
イタリア	2兆 497億ドル	イタリア	2兆 686億ドル
World Bank購買力平価ベース（2022）		**IMF購買力平価ベース（2022）**	
中国	31兆7731億ドル	中国	30兆1911億ドル
アメリカ	25兆4397億ドル	アメリカ	25兆7441憶ドル
インド	12兆9981億ドル	インド	11兆9387億ドル
ロシア	5兆9878億ドル	日本	6兆1597億ドル
日本	5兆8621億ドル	ドイツ	5兆3656億ドル
ドイツ	5兆5822億ドル	ロシア	4兆8250億ドル
ブラジル	4兆1195億ドル	インドネシア	4兆 333億ドル
インドネシア	3兆9798億ドル	ブラジル	3兆8299億ドル
フランス	3兆9147億ドル	イギリス	3兆7733億ドル
イギリス	3兆8482億ドル	フランス	3兆6971億ドル

（資料）世界銀行、IMF

するものだ。いわゆる「ビッグマック指数」が、これを用いた数値として有名だ。

日本のビッグマックは現在５３０円だが、アメリカでは５・69ドルなので、ＰＰＰ為替レートは１ドル93円という「円高」となる。実際に国際機関がＰＰＰ為替レートを算出するときには、当然だがビッグマックではなく、さまざまな商品・サービスを採用しそれらの加重平均としている。

●GDP1位は中国か、米国か

世界銀行が公表している2022年の名目GDPデータを見ていくと、USドルベースで、1位アメリカ25兆4397億ドル、2位中国17兆9632億ドル、3位日本4兆2564億ドル、4位ドイツ、5位インド、6位イギリス、7位フランス、8位ロシア2兆2404億ドル、9位カナダ、10位イタリアである。

一方、PPPドルベースでは違ったランキングが浮かび上がる。1位中国31兆7731億ドル、2位アメリカ25兆4397億ドル、3位インド12兆9981億ドル、4位ロシア5兆9878億ドル、5位日本5兆8621億ドル、6位ドイツ、7位ブラジル、8位インドネシア、9位フランス、10位イギリスとなる。

PPP為替レートは高所得国では市場為替レートとの差が小さいが、低所得国ではその差が大きく出がちだ。

●いちばん都合のいい数字

なお、対象とする商品・サービスの差があるため、国際機関の間でもPPPドルベース

GDPは異なるので、プーチン大統領は「いちばん都合のいい数字」を使ったわけだ。

GDPのような数字での国際ランキングはまだわかりやすいが、そうでないものはより注意が必要だ。

最近の一例をあげれば、男女格差（ジェンダー・ギャップ）が話題になった。

世界経済フォーラムが発表した2024年版「男女格差（ジェンダー・ギャップ）報告」で日本は調査対象の146か国中118位となり、話題になった。では果たして、この報告は国際比較において、どこまで妥当なのか。

世界経済フォーラムは、ダボス会議を主催するスイスの非営利団体だ。そこが、健康、教育、経済、政治の分野ごとに各使用データをウェイト付けしてジェンダー・ギャップ指数を算出している。

●指標の選び方次第で変わる

より具体的には、「健康」で健康寿命、出生性比、「教育」で識字率、初等就学率、中等就学率、高等就学率、「経済」で労働力（参加）率、同類職における賃金、平均所得、立法職・政府高官・管理職比率、専門・技術職比率、「政治」で国会の議席、大臣数、最近

50年の首長の在任期間が使われている。

健康と教育では、日本のそれぞれの順位は58位、72位でまずまずであるが、政治の順位は113位、経済は120位。健康と教育の数値は世界トップクラスであるが、経済は平均より低く、政治では世界最低ランクだ。いずれにしても指数計算上、政治と経済が大きく足を引っ張っている。

同種の指標として知られているのは、国連が発表しているジェンダー開発指数（GDI）とジェンダー不平等指数（GII）がある。

GDIは、人間開発の3つの基本的な側面である「健康、知識、生活水準における女性と男性の格差」を測定し、人間開発の成果におけるジェンダー不平等を表している。3月に公表されたもので、日本は193か国中92位となっている。

また、GIIは、「リプロダクティブ・ヘルス（性と生殖に関する健康）、エンパワーメント、労働市場への参加」の3つの側面における女性と男性の間の不平等による潜在的な人間開発の損失を映し出す指標である。これも3月に公表されているが、日本の順位193か国中22位である。

それにしても、男女平等ランキングは数多あり、日本がポジティブな位置に入っている数値もあるのに、なぜか順位の低いもの、都合の悪いものだけをマスコミは取り上げる。

なお、林芳正官房長官は、今回ジェンダー・ギャップ指数で日本が１１８位であったことに対し、「政治分野では立候補や議員活動と家庭生活との両立の困難や人材育成の機会の不足、経済分野では女性の採用から管理職、役員へのパイプラインの構築が途上であることなどが背景にある」とした。

ただし、筆者から見れば政治での低順位が問題であり、女性の国会議員が相対的に少ないことに帰着する。これは、民主主義による投票結果であり、政府の努力ではいかんともしがたい。経済でも民間経済を前提とする以上、政府ができることには限界がある。

いずれにしても、作成主体の考え方次第で大きく変動するのが世界ランキングだ。その順位に一喜一憂、右往左往するのではなく、他国と比較して、自国の観点から見て足りない点があれば、改善する程度の参考指標である。

いわんや、それを具体的な数値目標として扱うのはいささか問題であろう。特に、大学の国際比較ランキングや国際競争力ランキングなどは、指標の選び方次第ともいえる面が大きく、「悪用」について筆者は常に懸念している。

相続税を「ゼロ」にすべきだ！消費拡大や不動産を中国から守る策にも

日本の相続税は、諸外国と比較しても高いとされる。格差是正の役割を果たしているといわれる相続税だが、「ゼロ」にすることのメリットを以下、紹介しよう。

税理論からいえば、相続税・贈与税は、所得税と二重課税の関係だ。マイナンバーが軌道に乗ってくると、二重課税の弊害が目立つようになる。

つまり、相続税は、所得税によって所得格差を少なくすることを補完する役割だが、今はマイナンバーでしっかりした所得捕捉が可能なので、所得格差の是正は所得税に委ねて、相続税はゼロとすべきだ。

日本の相続税について、財務省の資料「主要国における相続税負担率の比較（配偶者＋子2人）」では、ほぼゼロの米国や負担利率の低いドイツより高いものの、英国やフランスと比較すればそうでもないと主張している。だが、注書きなどを読み込めば、やはり日本は高いことがわかる。

二重課税の観点から、相続税のない国も珍しくない。例えば、先進国の中でも、カナダ、イタリア、スイス、オーストラリア、スウェーデンなどの国では相続税ゼロだ。

さらに、新型コロナ禍で萎縮した消費を活性化するためにも、相続税の対象になっている国民資産を一気に開放する政策も求められている。

また、老後の生活費を年金で賄える程度にしている人であれば、ある程度の生活をすることができるだろう。基本的には「ピンピンコロリ」がベストだ。つまり、元気な人は老後も仕事をし続けて、働けなくなったらコロリと逝くのがいい。

ただし、そうできない人もいる。そういう人が老後、家族で面倒をみてもらうことも加味すれば、相続税はゼロがいい。


さらに、最近の中国による日本の不動産購入の増加を見ると、かなり心配になる。相続税ゼロはその対策にもなる。

というのは、実は中国の相続税はゼロだ。土地などの生産手段が国有という建前がある中国では、基本的に不動産相続がないからだ。

このため、日本の不動産を購入しても、基本的に相続税負担がない。これは、個人で購入しても法人で購入しても同じだ。

しかし、日本の場合、個人所有の不動産は当然として、法人所有としても法人持ち分の相続では相続税が発生する。しかも、相続税負担は大きく、日本では親子3代にわたって相続すると財産はなくなるとも言われている。

もちろん、日本国内の不動産取引について、筆者の読者ならご存じだろうが「相互主義」を長年主張してきた。

わが国には、戦前の相互主義に基づく外国人土地法があり、今でも有効だが、外国人等による土地の取得及び利用を制限する権利を留保せずに「サービスの貿易に関する一般協定（GATS）」に加盟し、内外差別的な立法を行うことが原則認められていないという意見もある。

いうまでもなく相互主義が一番だが、日本の不動産を中国から守るためには、相続税ゼロも有効だ。

本書は、高橋洋一氏の連載(『夕刊フジ』〈日本の解き方〉、『現代ビジネス』〈高橋洋一「ニュースの真相」〉、YouTube「高橋洋一チャンネル」)などをベースに再構成し、加筆・修正を行いまとめました。

【著者略歴】

高橋洋一（たかはし・よういち）

1955年東京都生まれ。数量政策学者。嘉悦大学大学院ビジネス創造研究科教授、株式会社政策工房代表取締役会長。東京大学理学部数学科・経済学部経済学科卒業。博士（政策研究）。

1980年に大蔵省（現・財務省）入省。大蔵省理財局資金企画室長、プリンストン大学客員研究員、内閣府参事官（経済財政諮問会議特命室）、内閣参事官（首相官邸）などを歴任。小泉内閣・第１次安倍内閣ではブレーンとして活躍。2008年に退官。菅義偉内閣では内閣官房参与を務めた。

『さらば財務省！』（講談社）で第17回山本七平賞を受賞。著書はほかに、『高橋洋一のファクトチェック2024年版』（ワック）、『60歳からの知っておくべき経済学』（扶桑社）、『【図解】新・経済学入門』（あさ出版）、『国民はこうして騙される』『日本の常識は、世界の非常識！』（徳間書店）など多数。YouTube「高橋洋一チャンネル」でも発信中。

日本はどこに向かおうとしているのか
国家予算とデータから解き明かそう！

第１刷　2024年8月31日

著　者　高橋洋一
発行者　小宮英行
発行所　株式会社徳間書店
〒141-8202　東京都品川区上大崎3-1-1
目黒セントラルスクエア
電話　編集（03）5403-4344／販売（049）293-5521
振替　00140-0-44392
印刷・製本　中央精版印刷株式会社

ISBN978-4-19-865848-9